保育のプロ はじめの一歩 シリーズ ④

幼児の絵画指導
"絵の具"はじめの一歩

芸術教育研究所［監修］　松浦龍子［著］

黎明書房

はじめに

　子どもたちは，日々いろいろな経験や体験をしながら成長しています。その中で，ものを見つめ，ものに触れ，ものを握り，抱いたり，耳を傾けたり，香りを感じたりと次々とたくさんのことに対応できるようになります。そして，お互いに発見したり，学び合い，1つひとつ獲得しながら，人間らしくなるための動作を身につけていきます。

　例えば，子どもは育ちの中で，握り持ちだったスプーンやフォークをしっかりと使え，箸も使えるようになっていきます。正しく持ち，美しく使うことができると，クレヨンや筆，その他の描画材も上手に使うことができます。持ち方や使い方に「くせ」がついてしまうとなかなか直すことができません。姿勢や視野にも影響してきますので，早いうちに根気よく励ましながら直すようにしましょう。絵を描くことだけを単独で考えず，子どもが日々成長していく中で表現する活動の1つとしてとらえて，応援してください。

　本書は，『クレヨンからはじめる幼児の絵画指導』（芸術教育研究所監修，松浦龍子著，黎明書房）の続編として「絵の具」を使った描画表現について，保育者や研究者，子どもたちとともに築き上げてきた実践を提案しています。

　絵の具をあつかうときには，たくさんの約束ごとがあります。本文の5頁から11頁に詳細が書いてありますので，ご参照ください。手順をふみ，ゆっくりと欲張らず，丁寧に取り組むことで，子どもたちとともに表現することが大きな喜びとなります。

　また，絵の具には，クレヨンと異なった特性があります。その特性をいかした美しく楽しい表現が展開できると，どの子も「絵の具が大好き」になると思います。例えば，筆で描く基本的な「点描」は，絵の具をつけた筆をやさしく紙の上に置いて描きます。「紙の上へおさんぽに出かけよう」と声をかけて，1つ，もう1つと丁寧に点描をして筆で"あしあと"を表現します。描く人が，筆の目になり，足になることで，楽しく自然に筆のあつかい方を覚えていきます。また，点描は，方向や色を変えることで，身近で経験できる「しずく」「花びら」「初夏のみどりの葉」「秋の紅葉の木」「お菓子」などの表現を楽しむことができます。

　大人も子どもも何かを行ったり，ものを見たりするときに，少し意識するだけで今まで見えなかったこと，気づかないでいたことが目に入るようになり，気持ちも視野も大きく広がってくるはずです。そのことで，「もっと知りたい」「わかる」「やってみたい」「できる」というふうに心が動いてきます。だれにでも簡単でやさしい活動からはじめることで豊かに表現できるようにしましょう。どんなことでも，基本的なこと，基礎的なことを繰り返しながら積み重ね定着させていくことが大切です。「できる」喜びや満足感を大切にして自信につなげ，子どもも保育者もそれぞれの力を十分に発揮して，のびやかに表現し，心身ともに豊かに成長してほしいと願っています。

　2009年4月

松浦龍子

も　く　じ

　　はじめに　　　1
　　この本の利用のしかた　　　4

　　導入からはじまる幼児の絵画指導　　　5
　　画材との出会い・はじめの一歩　－絵の具と用具のあつかい方－　　　7
　　基礎　筆の点あそびで絵の具に親しむ　　　12

●小さなかたまりを描く　…………………………………………………… 18
　　イチゴ　　　ビンに入ったアメ玉　　　花のもよう入りのアメ
　　小さなかたまりを描く・解説　……………………………………………… 20

●絵の具の濃淡で描く　……………………………………………………… 22
　　ジュース　　　ビスケットパイ（参考作品）　　　アイスクリーム　　　手づくりの鏡もち
　　絵の具の濃淡で描く・解説　………………………………………………… 24

●植物の色や質感をとらえて描く１　……………………………………… 26
　　ピーマン・パプリカ（栽培）　　　いも掘りのさつまいも　　　さつまいもの芽（水栽培）
　　植物の色や質感をとらえて描く１・解説　………………………………… 28

●植物の色や質感をとらえて描く２　……………………………………… 30
　　花壇のわたの花（栽培）　　　プランターのミニケイトウ　　　園庭の八重桜
　　植物の色や質感をとらえて描く２・解説　………………………………… 32

●植物の色や質感をとらえて描く３　……………………………………… 34
　　自分のひまわり（栽培）　　　ガーベラとカスミ草　　　プランターの小菊
　　植物の色や質感をとらえて描く３・解説　………………………………… 36

●自然の変化を点描で描く　………………………………………………… 38
　　ハツカ大根のふた葉　　　アリの巣　　　紅葉したおしゃれな木
　　園庭のイチョウの木（参考作品）
　　自然の変化を点描で描く・解説　…………………………………………… 40

もくじ

●形と特徴をとらえて描く1 ……………………………………………… 42
　どうぶつ（ぬいぐるみ）のともだち　　ぬいぐるみのゴリラ
　みんなで飼っている大好きなうさぎ　　子うさぎ（参考作品）
　形と特徴をとらえて描く1・解説 ……………………………………… 44

●形と特徴をとらえて描く2 ……………………………………………… 46
　ハロウィンのかぼちゃとキャンディ　　紙ふうせん　　クリスマスの夜
　形と特徴をとらえて描く2・解説 ……………………………………… 48

●動きのある人物を描く1 ………………………………………………… 50
　自分のポーズが描けるよ−ほねほねマン−　　劇あそび『しんせつなともだち』
　動きのある人物を描く1・解説 ………………………………………… 52

●動きのある人物を描く2 ………………………………………………… 54
　シャボン玉を吹いている自分Ⅰ　　シャボン玉を吹いている自分Ⅱ（参考作品）
　たいせつな家族　　ドッヂボール
　動きのある人物を描く2・解説 ………………………………………… 56

●想像や物語の世界を描く ………………………………………………… 58
　友だちと行ってみたいところ　　こんな乗り物があったらいいなぁ
　お話の絵『あかずきん』
　想像や物語の世界を描く・解説 ………………………………………… 60

●参考作品紹介 …………………………………………………………… 62
　七夕かざり　　マリーゴールド　　パンジー　　シロツメクサとアカツメクサ
　どくだみの花　　紅葉の木　　雪あそび　　想像画「夜，幼稚園に来てみたら…」
　ぬいぐるみのうさぎ　　ザリガニ　　お話の絵『七匹のこやぎ』
　お話の絵『ながいながいペンギンの話』

この本の利用のしかた

　この本は，保育所，幼稚園の３，４，５歳児を対象にした，絵の具をはじめて使うときの絵画活動を丁寧に紹介しています。

　ここでは，点で描くこと（点描）を基本に，点をつなげた線や点を重ねた面（かたまり），ぐるぐるのまるを描くなど，絵の具による基礎的な表現を，だれにでもできる楽しい題材で展開しています。

　なお，既刊の『クレヨンからはじめる幼児の絵画指導』（芸術教育研究所監修，松浦龍子著，黎明書房）の発展として本書を利用していただくことをおすすめします。また，綿棒を使った絵の具の活動や「はだかんぼう人間」で描く人物についても，詳しく紹介しておりますので，ご参照ください。

□**本文の題材**は，子どもたちの身近な生活に密着したものから選ばれています。
　１人ひとりの子どもが生活の中でイメージを豊かにし，様々な表現を楽しめるように，あそびや身近なもの，自然，生き物，人物などが題材となっています。

□**指導のねらい**は，絵を「描きたい」と思う感動や意欲を大切にしながら，子どもたちが題材について「知る」「わかる」「できる」ように配慮し，どんな力を育てたいのかも考えます。
　表現を豊かにするための絵画の技法もねらいの１つにします。

□**用意するもの**は，活動を展開するために基本的に必要なものです。
　絵の具の用具については，「絵の具のあつかい方（７～11頁）」をもとに，子どもたちと１つひとつあつかい方を確認しながら実践を進めてください。
　また，題材の形をとらえるために下書きが必要な場合があります。クレヨンで形をとらえて描く場面もありますが，大まかな形をとらえるには，消えやすく水にも溶けやすいチョークをおすすめします。えんぴつは，細かく描きすぎたり，濃く描いて消えにくい場合があります。

□**指導内容**は，日々の生活や保育活動の中で実際に実践した一例です。子どもの年齢や発達，経験などによって異なりますので，それぞれの園や状況に合わせて，工夫して行ってください。
　そして，実践は，１回で完成させられるものばかりではありません。特に，絵を描くまでの導入にたっぷりと時間をかけたり，絵の具がしっかり乾いてから次の段階に進むため数日かけて描いたりするなど，状況に合わせて計画を立てて行ってください。

導入からはじまる幼児の絵画指導

1. 経験の中で育まれる絵画表現

　絵が得意な方でも突然に画用紙を渡され，自由に絵を描いてくださいと言われると，何をどう描いてよいのか戸惑うこともあると思います。しかし，ヒントになるものや目の前に描く対象があると安心して描くことができるでしょう。描くものへの理解，描きたいと思う心の動き，描きたいものが描ける基礎的な技術などがそろうことで，心もからだものびのびと豊かに描くことができます。

　実際の子どもの描画活動では，絵を描くことだけが単独で存在しているのではなく，子どもの様々な経験や幼稚園，保育園での日々の活動が「絵を描く」活動につながっています。

　例えば，植物の芽を描く描画活動では，

① 植物のタネを手のひらにのせて，よく見てタネの色や形を知ります。

② 指先でつまんで，大きさや固さなどを実感し，感覚的にもとらえていきます。

③ タネをまき，土をそっとかけます。

④ 水をあげたりしながら継続して観察します。

⑤ タネが芽を出したら，みんなで見て喜び合います。

⑥ その感動を忘れないうちに，保育者が絵に描いたらどうだろうかと提案し，描画活動へ進みます。

⑦ 画用紙やクレヨン，絵の具など画材や道具を準備します。

⑧ 画用紙の半分より下を地面に見立てて，タネをまいたようにクレヨンで描いていきます。

⑨ 絵の具を用意して，絵の具を土に見立て，クレヨンで描いたタネの上にそっとかけてあげるつもりで筆を使って描きます。

⑩ 絵の具が乾いたら，土の中の根っこはどうなっているか考えながら，タネから芽が出てきた状態を1本1本丁寧にクレヨンで描いていきます。

　この活動では，子どもたちは，タネからしっかりと芽が出た感動を描けたことに大満足します。こうした一連の経験を通して心とからだで1つずつしっかりと感じ，わかることで，次への活動へとつなげることができるのです。

　1粒のタネのことがわかることによって，美しく咲く花のことや果実，木々のことなどにも興味をもったり，イメージをふくらませながら見たり考えたりし，みんなとの話し合いも盛り上がりが見られるようになっていきます。

2．「わかる」「やりたい」「できる」が次へとつながる

子どもたちは，日々の生活やあそびの中で意識して見たり，少しずつ経験を重ねながら「わかる」「やりたい」「できる」ことを増やしていきます。絵を描くときにも，何かを意識して見たり，触ったりして，それが何であるか「わかる」，そのことを絵に「描きたい」，絵に描くことが「できる」という気持ち，自信や意欲が子どもたちの中に育まれていくことが大切です。①何かを見る，やってみる，②感じる，③もう一度よく見る，④見たものの様子や特徴がわかる，⑤描きたい，描ける

という5つの段階をふむことで，どの子も安心して活動することができるはずです。

例えば，「水道の水」を意識して見たり触れたりする。水道の蛇口からの出方の強弱や太さ，細さ，「水は冷たい」「透明」「白っぽい」「まっすぐな線になっている」など気付く。子どもたちは，「経験」し，「感じる」ことにより，わかってくることがたくさんあります。そして，そのことを絵で表現することにより，さらに「わかる」「できる」ことの感動や嬉しさが何倍にもふくらみ，「やりたい」という意欲もわいてきます。

実際に描く場合，「水道の水」は，手を洗ったり，コップやバケツに水を入れたり，飲んだりするために使います。蛇口の絵の下に手やコップなどの絵を先に描くと，子どもたちは蛇口から目的のところまでの水の方向がわかり，より意識して水道の水を表現できます。どの子どもも楽しく描くことができるように保育者は常に考えて，工夫していくことも大切だと思います。

「水道の水」の実践の発展では，ホースやシャワーから出る「水」や草花にあげるジョウロの「水」などが表現できます。そして，ホースやシャワーから出る水のしぶきから「雨」を連想し，本物の雨に目を向け，雨の音やリズムも聞きながら描くことができるでしょう。それぞれの水の持つ表情（勢いよく出る力強い線や太い線，または弱々しい細い線，優しく落ちる点描など）や方向性（上から下への線，曲線を描く線など）について注意深く観察する力が育っていくのは，とてもすばらしいことです。

「水道の水」の実践1つをとっても，じっくりと見て，丁寧に行うことで活動が発展し，広がっていきます。子どもたちの発達や成長，そして経験をしていく中で，描く力も育まれていきます。

子ども自身が体得した描く力を，強制ではなく自然な形で育てることで，よりしっかりと「わかる」「やりたい」「できる」ことが定着していきます。

画材との出会い・はじめの一歩
－絵の具と用具のあつかい方－

　はじめて絵を描くときに出会う画材は，クレヨンのことが多いでしょう。絵の具との出会いは，ほとんどの子どもたちが幼稚園・保育園に入ってからの経験だと思います。

　筆やパレットなどの用具のあつかい方の適切な習慣をつけておくと，絵の具の準備から片づけまでスムーズにすることができ，落ち着いて描く条件を1つひとつ丁寧に整えられます。

［絵の具について］

　絵の具は，水で溶けやすい水彩絵の具があつかいやすいです。絵の具やクレヨンの画材は，できることなら個人持ちの方が，自分の画材で描く喜びや愛着が生まれ，大切に使おうと思う気持ちも深まります。

　絵の具は，混色（色を混ぜて色をつくる）も大切ですが，細かい色の表現や描くことに集中させたいときは，18色以上あるのが望ましく，できれば24〜25色あるとよいでしょう。子どもたちは身近な食べ物や自然，動植物，想像の世界などが，さらに美しく表現しやすくなります。

［絵の具のあつかい方（チューブが金属製の場合）］

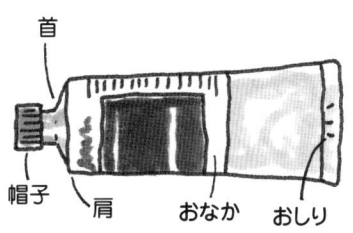

① 絵の具のケースも，クレヨンと同じように両手でしっかりと持って運び，乱暴に置かずにやさしく机の上へ置きます。ケースのふたを開けたら本体の箱に重ね，絵の具のチューブにそっと触ります。

② チューブのキャップ部分を持って箱から1本取り出します。絵の具チューブを人間のからだに見立てて説明をします。キャップは頭の「帽子」，チューブの口の付け根を「首」，上部の一番固い角を「肩」，チューブの真ん中を「おなか」，下の部分を「おしり」などと子どもたちがわかりやすい名称で知らせ，一緒に確認します。

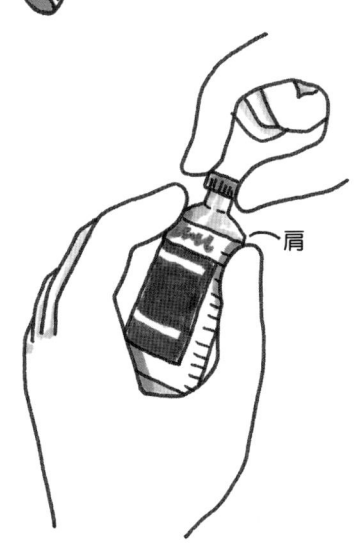

③ キャップを開けるときは，チューブの「肩」を親指と人差指でしっかり持ち，反対側の手で「帽子（キャップ）」をまわして開けます。

　また，「肩」ではなく，「おなか（真ん中）」の部分を持って開けると，指の力で押されて絵の具が一気に出てきてしまいます。チューブの「おしり」の部分からやさしく押して出すことで，出す量を調節し，むだなく最後まで絵の具を使います。

④ キャップを開けると「口（絵の具が出る部分）」があります。絵の具はやわらかいので，チューブを少し押しただ

7

けでも出てきてしまいます。必要以上にたくさんの絵の具が出てしまうと，手やチューブなどを汚したり，パレットに絵の具が余分に残ったりします。出すときは，十分に気をつけてあつかうように伝えます。

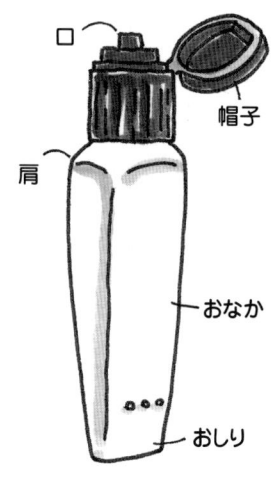

⑤　キャップを開けたら，なくならないように絵の具のケースの中に置くようにします。
・チューブの種類は，ポリチューブのものなどが多くなり，幼児や児童にもあつかいやすいように工夫され，改良されています。本体部分とキャップがつながっているものも多く，キャップがなくならず，安心です。どの種類のチューブもキャップを開けるときは，しっかりと持つことができる，一番固い部分の「肩」を持って開けます。
・ポリチューブは，「おしり」の部分が指でつまみやすいように細くとがっています。絵の具を出すときには，チューブの下の部分をつまんで力を調節して出します。

[絵の具に親しむ－綿棒での表現活動－]

絵の具のあつかい方に慣れるため，最初の段階では，筆の代わりにあつかいやすい綿棒を使って描きます。パレットや水入れもペットボトルのふたのような小さな器を使います。

<準備するもの>

絵の具，綿棒，ペットボトルのふた（絵の具入れ：1色につき1個，水入れ：1個），絵の具チューブの口拭き用の布（ガーゼまたは，布きれ，4cm×4cmくらい。＊使い捨てでよい）

① 絵の具を机の上に置き，綿棒は1本ずつ配ります。次に，画用紙を配ります。

② 絵の具を取り出し，1個のペットボトルのふたに豆つぶくらい（大きさや量がわかるように，本物のあずきや朝顔のタネを用意しておくとよい）を出します。絵の具を出した後，チューブの口の部分についた余分な絵の具を布でそっと拭くときは，口を上向きにして，絵の具が出ないようにします。拭くことを怠ると，口の部分の絵の具がかたまり，絵の具が出なくなったり，ふたの開け閉めができなくなる原因になります。

③ ペットボトルのふたの1個に水を入れます。原則的に綿棒は水に1回，「ちょん」と声に出したりして数えてぬらします。綿棒は水をふくみやすいため，長く水の中に入れることを防ぐために数えます。

次に絵の具が入っているペットボトルのふたに「ちょん，ちょん，ちょん」と3回つけてから描き始めます。絵の具1色に対し，1本の綿棒を使います。また，綿棒が絵の具や水でふくらみすぎると描きにくくなるので，そのときは，取り替えます。

絵の具の出し方や絵の具のつき具合がわかるまで，繰り返しいろいろな題材で綿棒を使い，

子どもたちの中に絵の具のあつかい方が定着するようにします。

［パレットについて］

パレットの種類は，右図のようなプラスチック製などの平らなものの他に，梅ばちや小皿などがあります。

2人以上や制作などで多い量の絵の具を使う場合は，梅ばちや小皿など少し深みがあるものなどが使いやすいです。

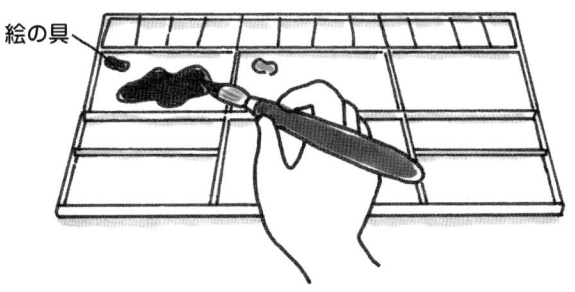
絵の具

［パレットのあつかい方］

・プラスチック製などのパレットの小さな仕切りの部分は，幼児には使いにくいため，大きな仕切りの部分を使います。大きな仕切り1面に1色ずつ絵の具を出します。1つの面の中で絵の具を溶いたり混色もするため，1面に絵の具を広げないようにスペースを考えて使います。また，梅ばちのときも同じように使います。

・混色するときにも色は別々に出します。混色する絵の具は，明るい色の絵の具に，暗い（濃い）色の絵の具を少しずつ混ぜて，色の濃さを調節していきます。

［筆について］

筆には，丸筆，平筆があり，素材も馬毛，豚毛，化学繊維などいろいろなものでできています。

幼児には，水彩絵の具に適したやわらかい軟毛筆で，線や点が描きやすい丸筆の4号～6号と10号～12号のそれぞれ1本ずつあるとよいでしょう。また，化学繊維の丸筆も毛先に弾力があり描きやすいです。

［筆のあつかい方］

・持ち方は，鉛筆を持つように親指，人差指，中指で筆をしっかりと持ちます。

・画用紙に描くときは，いつも筆の毛先がとがっている「ロケット」の形にしてから絵の具を少しずつつけながら絵の具のつき具合を見て確かめます。

・絵の具のつけ方は，毛先を筆の「口」と見立てて説明します。①筆の口（毛先）から少しずつ絵の具を食べさせ（ふ

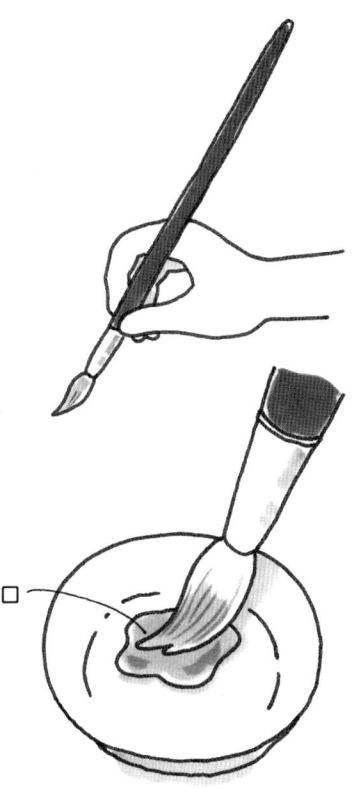

くませ）ます。②パレットや小皿のふちで筆についた余分な絵の具を落とし，常に筆先を「ロケット」の先のようにとがらせて描けるようにします。

＊筆で描くためには，最初が肝心です。絵の具の出し方とともに，筆の持ち方や水のふくませ方などみんながわかり，あつかえるように，何度も確認しながら丁寧に行っていきす。

［筆洗いのバケツについて］

筆洗いのバケツは，水が入る場所が3～4箇所に仕切られているものを用意します。仕切りは，①絵の具がついた筆を「洗う水」，②さらにきれいに筆を「すすぐ水」，③絵の具を溶かすために使う「きれい（透明）な水」と用途別に分けます。子どもにわかりやすいようにはじめは，順番に①②③の数字をバケツの仕切りのよく見えるところに書いておくとよいでしょう。

［筆洗いのバケツのあつかい方］

① 筆を洗うとき，バケツの底に筆をつけて洗うと毛を傷めます。筆は，正しい持ち方のまま水の中で横に揺らしたり，やさしくかき回すようにして筆の毛を洗います。筆の水切りは，右図のように筆を立てたまま，水が飛び散らないようにバケツの中の仕切りで水を切り，雑巾でも水気を取り，毛先をそろえます。水切りができているか，水をはじきやすい紙（カラーコピー用紙など）で試してみます。

基本的に一番広いところを「洗う水」にします

② 水切りした筆で，紙にしっかりと点を1つ描いてみます。紙を立ててみましょう。

筆にふくむ水の量が多いと，描いた点の形から涙（水）が流れます。中くらいだと，涙がたまります。涙がたまらず，しっかりと「点」の形が描けるように何回か描いて適量の水切りができるように練習します。涙が流れる「泣き虫」でない筆の使い方ができるように，保育者は，1人ひとりをよく見てあげましょう。

［画用紙について］

幼児の描画活動では，画用紙のサイズや色選びも重要です。白い画用紙の8ツ切や4ツ切のサイズを使うことが多いと思いますが，幼児の視野は大人よりも狭く，特に3歳児には8ツ切の画用紙のサイズでは大きすぎることもあります。また，画用紙のサイズに合わせて題材の大きさやバランス，背景を考えて描くことは，幼児の描画活動ではまだ難しい部分が多くあります。保育者が，子どもたちの発達段階を考慮し，題材，ねらいに合わせて紙のサイズや題材が

引き立つ色画用紙を選ぶことで，背景などにとらわれずに安心して描くことができます。

[絵の具と用具の基本的な置き方]

　画用紙・絵の具一式（絵の具，筆，パレット，筆洗い用のバケツ，筆拭き用の雑巾，絵の具チューブの口拭き用の布（ガーゼまたは，布きれ，4cm×4cmくらい。＊使い捨てでよい）

・右図のように置くと絵の具やパレットも使いやすいでしょう。筆はバケツに立てず，雑巾（布団）に寝かせます。左利きの場合は，逆の位置に絵の具と用具を置き，その子が使いやすいように考慮します。
・机の大きさや座り方などによってちがいますので，よく検討して置きます。

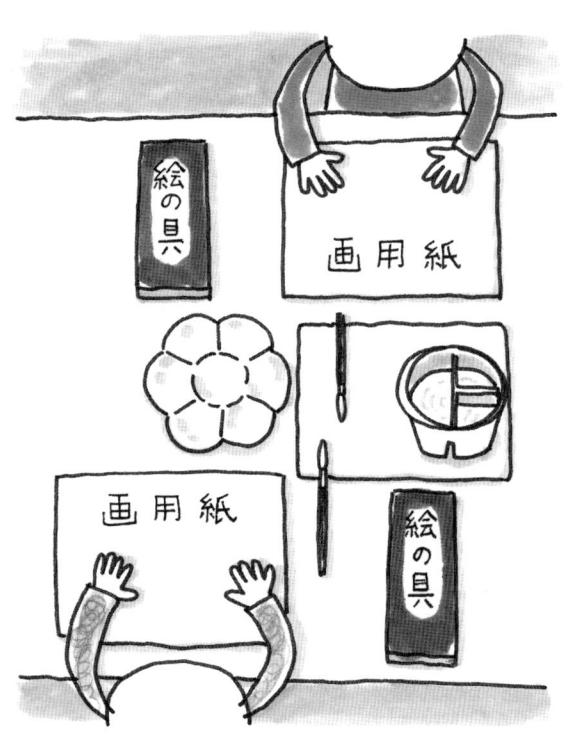

[片付け方]

① 描き上げた絵の具の作品は乾かないうちに移動させることが多いので，絵の具が流れたりしないようにそっと両手で持ち，乾燥棚などに並べて乾かします。
② 筆は，毛を傷めないように手で洗い，雑巾で水気を切り，絵の具の色が出ないか確かめてから雑巾の上に並べて乾かします。
③ パレットは，スポンジで水を流しながらよく洗います。台所用などの長方形のスポンジを半分に切り，切った四角のスポンジを斜めに半分に切り，三角形にします。三角形のスポンジだと子どもの手にもなじみ，パレットの細かい部分も洗いやすいです。また，筆でパレットを洗うと筆の毛がこすれて傷める原因になるため，筆で洗わないようにします。きれいに洗ったら，雑巾で拭くか，水切りの場所に置いて乾かします。
④ 筆洗い用のバケツは水を捨て，絵の具で汚れていないかよく見ながら洗い，雑巾で拭くか，水切り場所に置いて乾かします。最後に，机も雑巾で拭き，雑巾も洗って乾かします。

基礎 筆の点あそびで絵の具に親しむ

*印の作品をカバー裏にカラーで紹介しています。

　筆を使って楽しむ点あそびを通して、子どもたちが絵の具を気持ちよく使い、筆となかよくなれるようにしましょう。また、段階をふんで点描の実践を行うことで、点をつなげた線や、点のかたまりの面など、絵の具の表現が広がる大切な基礎となります。

1. 筆先を意識したはじめての点あそび

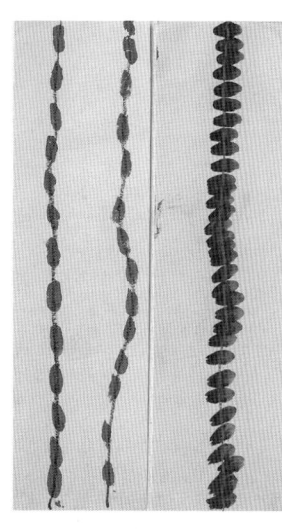

ステップ①　あしあと

●ねらい
・線の上を歩くあそびを通して、「しっかりと歩く」ことを楽しみます。
・線の上を歩いた体験をもとに、画用紙の線の上に筆の点描をしっかりとしていき、筆の「あしあと」を表現します。

●準備するもの
　絵の具一式（絵の具、筆、パレット、筆洗い用のバケツ、筆拭き用の雑巾、絵の具チューブの口拭き用の布）、クレヨン、色画用紙（もえぎ、きみどりなど地面に見立てた薄い色、8ツ切縦1/2）

●指導内容
① 園庭や保育室の中で、直線やジグザグ、曲がるなどたくさん歩いてあそび、「しっかりと歩く」ことを経験します。園庭では、ラインカーで引いた線の上を歩きます。保育室では、床にビニールテープを貼った線やタイルの目地の線を使い、線を意識して歩きます。
② 絵の具とクレヨンを用意して、色画用紙を配ります。
③ クレヨンで画用紙の縦長の端から端までまっすぐな線を1本、または、2本引きます。
④ みんなが歩いたように、筆も紙の線の上を歩けることを伝え、絵の具の準備をします。
⑤ 最初は、画用紙にどのように描くかイメージできるように絵の具をつけない筆で行います。線の上を端から下方向へ「てん、てん……」とゆっくりと置いていきます。
⑥ 絵の具をつけて、線に沿って「てん、てん……」と筆の"あしあと"を点描していきます。

●指導のポイント

- 自分が体験したことを表現することは、イメージしやすく、あまり抵抗なく行えると思います。
- 1人ひとり、きれいにならした砂場の上をしっかりと歩き、歩いた後の靴の「あしあと」をよく見ることも歩くことが実感できる楽しい活動です。
- たくさん歩いてあそぶことで、しっかりと歩けることを自覚します。自覚して歩いたことが、筆の点描でも表現できることがわかると、子どもたちはとても喜び、楽しみながら描いていきます。
- 画用紙の色は、クラスカラーや名札、帽子など馴染みがあり、また親しみのある色を選ぶと楽しく活動に取り組めてよいでしょう。
- 絵の具の色は、子どもが履いている靴の色を見て選ぶようにします。
- 線は、画用紙の端からスタートして、必ず端まで途切れないように引きます。それぞれの作品の線をつなげて並べると1本の道となり、楽しい作品になります。

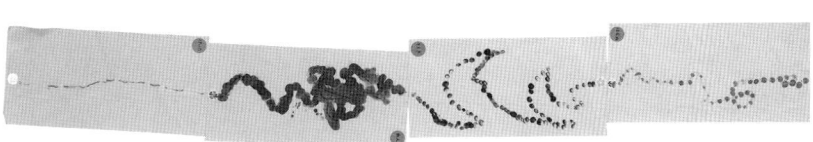

- 発展として、画用紙（8ツ切1/2）に直線や曲線をつなげた線を端から端まで引き、その上を点描します。曲線部分は、手首を滑らかに動かすことも大切になってきますので、ゆっくりと丁寧に点描していきましょう。

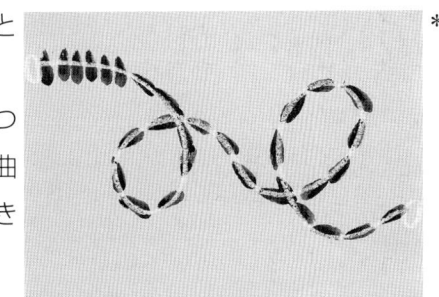

ステップ②　ネックレス

●ねらい

- お母さんや家族へ贈るネックレスを気持ちを込めて点描します。
- 筆を持つ手首を滑らかに動かして描きます。

●準備するもの

絵の具一式、色鉛筆、色画用紙（クリーム、ピンクなど薄い色、25cm×19cm）

●指導内容

① おもちゃのひも通し（大きめのビーズ）でネックレスをつくったり、実際にビーズや玉が連なっている本物のネックレスを見たり、つけたりしてあそびます。

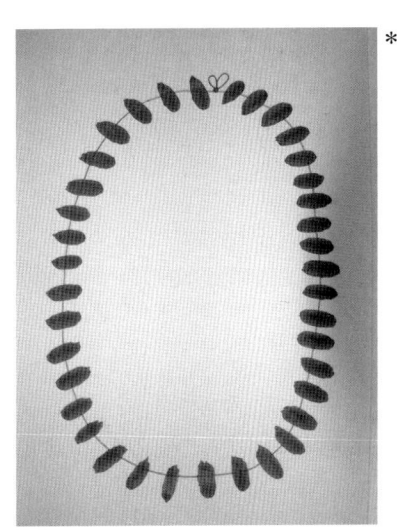

② お母さんや家族へプレゼントするネックレスを描こうと提案します。
③ 画用紙を配り，画用紙の上で描くネックレスの大きさを指でなぞります。

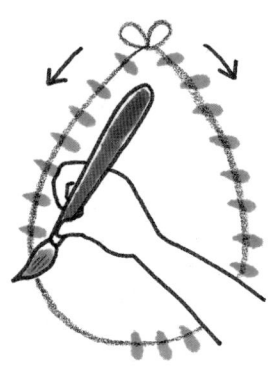

④ 色鉛筆でネックレスのひもを描き，結び目（点描の出発点の印）を上に描きます。
⑤ 「お母さん（家族）に似合う素敵なビーズを通そう」と話し，絵の具の中から1色選びます。
⑥ 筆を横向きに置いた点で，ひもの結び目の上から下方向へ「てん，てん……」と声に出しながら，ビーズの点描を線の下までします。また，反対側のひもの線にも結び目の上から下へ点描してビーズをつなげます。

● **指導のポイント**

・手首を動かすことで滑らかに曲線にそった点が描けることを意識できるように声をかけます。
・「てん，てん……」と声に出して描かせることで，リズムに合わせて手も動きます。目・手・耳・声を一緒に働かせることで，描くことをからだで覚えていきます。
・筆にふくませる水や絵の具の量が少なかったり多かったりすると，筆の毛がカサカサやパサパサになったり，水っぽくなったりします。適量の水と絵の具をつけることで毛先が落ち着き，ロケットのようにとがった形になり，きれいな点が描けることを随時伝えます。
・発展として，ネックレスの色を2〜3色使い，色を楽しむ活動へつなげてもよいでしょう。また，ビーズを綿棒の点で描いて楽しむ方法もあります。

ステップ③　どんぐりのダンス

● **ねらい**

・どんぐりの形や色について知ります。
・筆の毛先がとがったロケットの形で描く点は，どんぐりと同じ形であることを意識して丁寧に描きます。

● **準備するもの**

絵の具一式（絵の具：茶色，こげ茶色など），クレヨン，ペン（黒，水性または油性，細），色画用紙（もえぎ，クリームなどどんぐりの茶系に合う色，8ツ切1/2），どんぐり（コナラ，マテバシイなど）

● **指導内容**

① 公園などにどんぐりを拾いに行きます。拾ってきたどんぐりを手に持ち，大きさや形，色の特徴をよく見ます。
② 深めの皿や箱の中にどんぐりを入れて揺らし，どんぐりの転がる音やどんぐり同士がぶつかる音を聞きます。

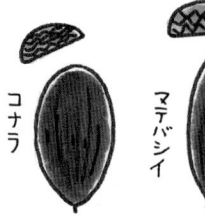

③ 1人ずつにどんぐりを渡し，手のひらで転がしたり，触ったりします。
④ 画用紙を配り，その上にどんぐりを置き，紙から落ちないように転がしてあそびます。
⑤ どんぐりの色を混色（茶色とおうど色など）してつくり，筆にたっぷりつけてから，筆先をとがったロケットの形にします。
⑥ 画用紙に筆をゆっくり丁寧に置いて，1つ点描します。描いた点がどんぐりの形と同じにできたか比べてみます。
⑦ 画用紙の中にどんぐりたちがダンスしているところを描こうと伝え，どんぐりの仲間をたくさん点で描きます。
⑧ ペンでどんぐりの顔と手足，好きな色のクレヨンでどんぐりの帽子を描きます。

● 指導のポイント
・どんぐりの色は，拾った時期などにより違います。どのような色かよく見て話し合い，絵の具の色を決めます。混色の場合は，はじめは保育者がつくってもよいですし，どの色とどの色を混色するか説明して，子どもがつくるのもよいでしょう。
・簡単な点描で描けることで，子どもたちは「描く」ことに自信がつきます。
・「ダンス」以外に，子どもの年齢に合わせて，「運動会」「あそび」などテーマを決めて描くと，想像の世界も広がり，楽しい作品になるでしょう。

2. 線描へつなげる点あそび［3歳～］

ステップ④　ゴマスティック（ビスケット）

● ねらい
・味わって食べたゴマスティックをイメージして，点と点が離れないように意識してつなげて描きます。

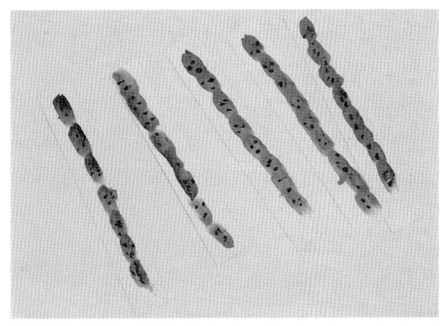

● 準備するもの
　絵の具一式，色画用紙（しら茶，クリームなど薄い色，8ツ切1/4），ゴマスティック

● 指導内容
① ゴマスティックを2本ずつ配り，食べる前によく見て，特徴を話し合います。
② 1本だけ食べますが，食べるときは，もう1本の長さと比べながら，一節ずつ食べます。

③ 食べ終わったら，味や食べたときの感触や音などを話し合います。ゴマスティックの形が点をつなげたようにでこぼこしていることにも気づかせます。
④ 画用紙を配り，ビスケットとゴマのそれぞれの色の絵の具（ビスケット：茶色，ゴマ：黒）をパレットに出します。
⑤ 筆に絵の具をつけて，筆先を上に向けて画用紙の上の方に置きます。

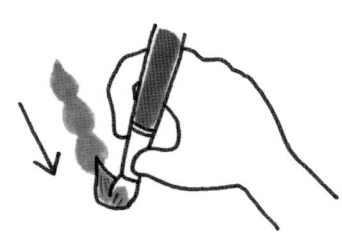

⑥ 自分が食べたことを思い出しながら，食べた分（一節）ずつ「ポキッ，ポキッ……」と声に出して点を下方向へつなげます。
⑦ 絵の具が乾いたら，筆先または，筆の柄（とがっているもの）の先に絵の具をつけて，「てん，てん……」とゴマ（小さな点）を描きます。

●指導のポイント
・点をつなげるときは，筆の毛先部分が点に重なるように置き，離れないようにします。
・点を重ねて線が描けると，質感のある木や枝の表現へつなげることができます。
・小さなゴマは，つまようじに絵の具をつけても表現できます。とがった部分は危ないので必ず先端を切ってから使います。

ステップ⑤　さくらんぼ

●ねらい
・さくらんぼの実がなる季節やどのようになるかなど知ります。
・枝ののび方を確認しながら点描し，枝や実の色を重ねた重色で表現します。

●準備するもの
絵の具一式，チョーク，色画用紙（みどりやきみどりなど枝の色に合う色，8ツ切1/2），枝つきのさくらんぼ

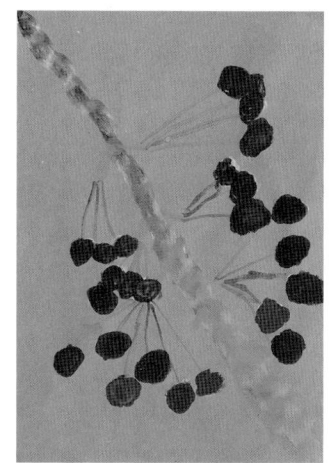

●指導内容
① 枝についているさくらんぼをよく見ます。さくらんぼの色や大きさ，枝の形などの特徴とお弁当やおやつで食べるさくらんぼのちがいはあるのかなど話し合います。
② 枝から栄養をもらって，花が咲き，その花がおいしいさくらんぼの実になることを話しながら，もう一度見ます。枝の色やさくらんぼの実の色は1色でないことや実が熟すまでの色の変化について調べます。
③ 画用紙を配り，チョークで枝の線を描きます。
④ 枝の色の絵の具（こげ茶）を筆につけ，枝を点描でつなげていきます。その後，灰色の絵の具を上から点描で重ねます。枝から出ている細い柄を筆先で描きます。

⑤ 3本ずつ綿棒を配り，実の色の絵の具（黄色，だいだい色，赤色）を出します。
⑥ さくらんぼの実は，小さなタネから大きく膨らんできたことを想像しながら，綿棒で黄色の絵の具をつけて，ぐるぐると中心から外側へ実を膨らませて描きます。だいだい色をつけた綿棒で上からぐるぐるとまるを重ね，その後，赤い絵の具の綿棒でもおいしい実になるようにイメージしながら膨らませて描きます。

3. 多色を楽しむ点あそび

ステップ⑥ あたたかいマフラー

●ねらい
・あたたかいマフラーができるように，筆で一目一目を編むつもりで描いていきます。

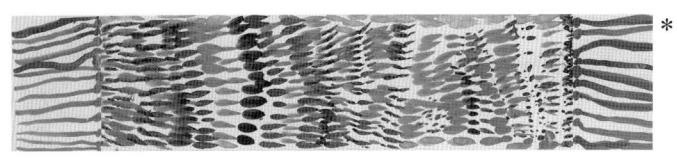

・自分の好きな色（絵の具）を使い，丁寧に点描と線描で表現します。

●準備するもの
　絵の具一式，画用紙（15cm×39cm：1枚，15cm×10cm：2枚），毛糸のマフラー，のり

●指導内容
① 毛糸のマフラーのあたたかさやマフラーの編み方などを話し合ったり，それぞれのマフラーを見せ合います。
② 画用紙を配り，絵の具から3色，好きな色や編みたいマフラーの色を選びます。
③ 端から，一目一目編むように点描していきます。
④ 色を変えるときは，筆を筆洗いのバケツ（バケツのあつかい方参照）の水でよく洗って色を落としてから，ちがう色をつけることを伝えます。
⑤ 点描のマフラーが完成したら，マフラーの両端にふさふさの短めの毛糸がついていることを話し，描くことを促します。マフラーを描いた画用紙の両端にそれぞれ8cm長く画用紙が出るようにのりをつけ，つなげます。
⑥ 編み目の部分にしっかりと結びつけるように，マフラーの両端に小さなまるを描き，そのまるから線を引いて，ふさふさの部分を表現します。

●指導のポイント
・単純な表現方法で，子どもたちが集中して丁寧に仕上げることができるよう心掛けます。
・自分のマフラーを編むつもりでゆっくり落ち着いて描くことで，絵の具の使い方や筆をきれいに洗うことの大切さなどを再確認します。
・子どもの年齢に合わせて，集中して点描できるように，画用紙の長さを調節しましょう。また，手ぶくろや帽子の形は，マフラーよりも小さな面で描けます。

小さなかたまりを描く

▲ **イチゴ** [4歳児]

ビンに入ったアメ玉 [4歳児] ▶

小さなかたまりを描く

▲ 花のもよう入りのアメ ［5歳児］

小さなかたまりを描く・解説

■ イチゴ［3～4歳児］

●ねらい
・普段からよく食べるイチゴの形や色などをよく観察します。
・「甘くて，おいしい！」と感じた鮮やかなイチゴの色を絵の具で表現します。

●準備するもの
絵の具一式（絵の具，筆，パレット，筆洗い用のバケツ，筆拭き用の雑巾，絵の具チューブの口拭き用の布），つまようじ，皿型（円形）の色画用紙（クリーム，ピンクなど，直径15cm），台紙用のレースペーパー（皿型の画用紙を貼ったときに，レース部分が出る大きさ），ヘタ型の色画用紙（緑色），イチゴ

●指導内容
① 普段からよく食べているイチゴについて話し合いをする
　イ) 給食やお弁当などに入っているイチゴについて話し合います。イチゴの色や形，味，ヘタの形なども話し合い，イチゴの絵本を読んだりして興味をもたせます。
　ロ) 白い花を咲かせてだんだん大きくなって赤い実になることなどイチゴの生長について話します。
　ハ) 新鮮なイチゴをよく観察し，1人1つずつ食べて，食べた感想を話し合います。

② 色や形を見ながらイチゴの実とタネを描く
　イ) パレットに赤の絵の具を出し，「甘くておいしそうなイチゴ」を意識しながら，小さな実（中心）からだんだんと外側にふくらんでいくように描きます。
　ロ) 実の部分が乾いたら，タネもよく見て，パレットにおうど色の絵の具を出します。
　ハ) つまようじに絵の具をつけてタネの点を「てん，てん……」と描きます。

③ ヘタの形を貼る
　絵の具が乾いたら，ヘタの形を配り，のりで貼ります。作品が完成したら，保育者が作品をレースペーパーに貼ります。

●指導ポイント
・小さなタネの「点」を表現するためのつまようじは，まるくなっている背の部分を使います。先端部分は，危険なため，事前にハサミで切っておきます。

■ ビンに入ったアメ玉［3～4歳児］

●ねらい
・甘いアメ玉を意識しながら，まるい形を筆で描きます。
・絵の具の混色と絵の具を多めの水で溶かすことで，アメの色と透明さを表現します。

●準備するもの

絵の具一式，ビン型に切った画用紙，ビンのふた型の色画用紙（みず色など），アメ玉

● 指導内容

① **アメ玉をよく見てからなめて味わう**

　イ）様々な色のアメ玉を見せます。どのような色や味があるか話し合います。

　ロ）実際にアメを1つずつ渡し，自分のアメの形や色を見てからなめて味わいます。どのような味だったか感想を話し合います。

② **アメはどのようにつくっているか話す**

　アメのつくり方や砂糖からできていることなどを話します。みんなでアメ屋さんになって甘くておいしいアメをつくろうと提案します。

③ **混色してアメの色をつくる**

　アメとなる砂糖の「白」と好きな味や香りの色を入れてアメをつくることを話します。パレットの仕切りごとに色を出し，筆の毛先に少しつけて，白と混ぜて色をつくります。

④ **水の量を考えながらアメを描く**

　アメをよく見て，砂糖が溶けて透けて見えることを話し合います。筆に多めの水を含ませてぐるぐるとアメのまるを描きます。作品が乾いたら，ビンのふたを貼ります。

■ 花のもよう入りのアメ ［5歳児］

● ねらい

・色鮮やかでかわいらしい花の模様が入っているアメを見て，「きれい」「かわいい」と思う気持ちをみんなで共有します。

・色の混色ができ，ぐるぐるのまるを美しく表現し，模様も筆先を使って描きます。

● 準備するもの

絵の具一式，クレヨン，色画用紙（灰色，8ツ切1/4），花のもよう入りのアメ

● 指導内容

① **子どもたちにアメを見せて，気づいたことを話し合います**

　ビニール袋に入っているアメを順番に見せて，色や模様について話し合います。

② **アメをなめて味わう**

　各机にアメ（1人2個）を入れたお皿を置き，その中から好きな色のアメを1個とります。どのような香りや味がするかなど話しながら味わいます。

③ **お皿に置いたアメを見ながら描く**

　イ）袋に入っているアメを見せて「自分の分とみんなの分が入っているおいしいアメを2袋つくりましょう」と提案し，クレヨンで袋を2つ描きます。

　ロ）アメの味と色について再度確認し，絵の具の色も味と色を結びつけて（ブドウ味：むらさき，イチゴ味：赤など）選び，まるく描きます。花の模様は，筆先で細く描きます。

絵の具の濃淡で描く

◀ ジュース
［4歳児］

▲ ビスケットパイ ［4歳児］（参考作品）

絵の具の濃淡で描く

▲ **アイスクリーム** [4歳児]

▲ **手づくりの鏡もち** [3歳児]

絵の具の濃淡で描く・解説

■ ジュース［3～4歳児］

●ねらい
・みんなが夢中で楽しむジュースづくり（色水あそび）を通して，絵の具の性質（水に溶けやすいこと）を知ります。
・筆に水を多くふくませることで，色が薄く，淡い色ができることを知ります。

●準備するもの
　絵の具一式，クレヨン（白），コップ型に切った画用紙（15cm×8cm），氷用の画用紙（2cm×10cm），ハサミ，のり，曲がるストロー，色水用のコップ　＊できれば透明のもの

●指導内容
① 　飲んだことのあるジュースについて1人ひとりに聞き，話し合う
　飲んだことがあるジュースについて尋ね，オレンジやブドウなど，みんなが答えたジュースの味（甘い，すっぱい）や色について話し合います。

② 　ジュースづくり（色水あそび）をします
　水を入れたコップに，ジュースの素となる絵の具を入れて溶かします。ジュースの色と味を結びつけて（オレンジ味：だいだい色，ブドウ味：むらさきなど），色水をつくります。

③ 　ジュースに入れる氷を白いクレヨンで描く
　ジュースをおいしく飲むために氷を一緒に入れることや色や感触などを話します。細長い画用紙に「カチカチの氷」をイメージして白で描き，ハサミで氷の大きさに切ります。

④ 　氷のはじき絵を楽しみながら，自分でジュースの色を決めて描く
　イ）コップ型の画用紙に，つくった氷をのりで貼ります。
　ハ）パレットに絵の具を出し，別の仕切りに水をたっぷり，筆で入れます。その中に少しずつ絵の具を溶かしてジュースの色をつくり，ジュースを注ぐように下からぬっていきます。

●指導のポイント
・保育者がストローを貼り，コップが立つように作品の後ろに台をつくると，ジュース屋さんごっこなどのあそびの展開にもつながります。

■ アイスクリーム［4歳児］

●ねらい
・アイスクリームを入れるコーンの模様も考え自分だけのアイスクリームをつくります。
・絵の具に溶かす水を少なくすることで色を濃くし，アイスクリームの質感を表現します。「ジュース」の作品のように多めの水で溶いた絵の具の表現とのちがいに気づきます。

●準備するもの
　絵の具一式，クレヨン，色画用紙（みず色，8ツ切1/4），コーン用の色画用紙（しら茶，

絵の具の濃淡で描く・解説

うす茶などの茶系，8ツ切1/8），ハサミ，のり，または両面テープ，
アイスクリーム屋の広告（カタログ）または，絵本

コーンの形になる

●指導内容
① **アイスクリームの種類や形，味などについて話し合う**
　アイスクリーム屋の広告や絵本を見て，どのアイスクリームが食べたいか決めます。
② **コーンをつくり，アイスクリームを描く画用紙に貼る**
　コーン用の画用紙にクレヨンで縦や斜めなどの格子の模様を描きます。図のように画用紙を縦長に半分に折り，斜めに切って開きコーンの形にします。コーンを画用紙に貼ります。
③ **絵の具に溶く水加減に気をつけてアイスクリームを描く**
　たっぷりの白い牛乳でアイスをつくるように，白の絵の具に色を混ぜます。絵の具の量は多めで，少ない量の水で溶き，点描でアイスクリームをコーンの上に描きます。

●指導ポイント
・「ジュース」と「アイスクリーム」の両方の作品を描くことで，絵の具に溶かす水の量で表現が変わることがわかります。

■ 手づくりの鏡もち ［3歳児］

●ねらい
・自分たちでついてつくった3色（赤，緑，黄）のもちを正月の鏡もちにして，正月にかざる意味などを知ります。
・絵の具に溶かす水を少なくして，もちの質感を表現します。

●準備するもの
　絵の具一式，クレヨン，色画用紙（うすはい色，しら茶など，26cm×30cm），ハサミ，のり，紙垂用折り紙（金，赤），だいだいの葉っぱ用色画用紙（緑），行事の図鑑や絵本，鏡もち

●指導内容
① **鏡もちに興味をもち，実際に手に持って重さやかたさなどを感じる**
　図鑑などを通して，家族の幸せや健康のためにかざる鏡もちについても知ります。
② **鏡もちの質感を意識しながら描く**
　イ）クレヨンでもちの形を描きます。
　ロ）重なっている1番下のもちから筆の点描をします。もちの色は，もちの白のイメージで，白の絵の具を多めに出し，その中に混色する絵の具を入れてつくります。
　ハ）もちの上にのせるだいだいも描きます。葉っぱは小さく切ってのりで貼ります。
　ニ）紙垂用の細長い折り紙を半分に折って，ハサミで正方形に切ります。赤，金，赤，金……と色を交互に並べ，角を重ねて貼り合わせます。鏡もちの作品にのりで貼ります。

植物の色や質感 をとらえて描く 1

▲ ピーマン・パプリカ（栽培）［4歳児］

植物の色や質感をとらえて描く1

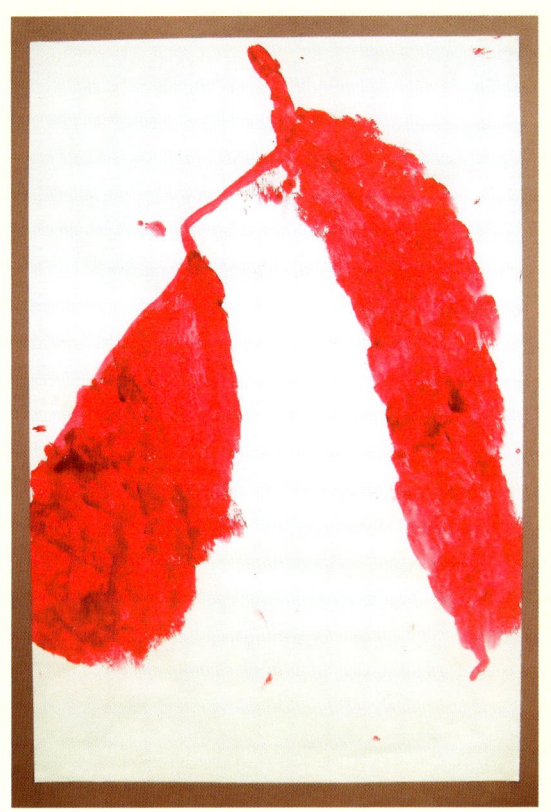

▲ **いも掘りのさつまいも** ［4歳児］

▲ **さつまいもの芽（水栽培）** ［4歳児］

27

植物の色や質感をとらえて描く1・解説

■ ピーマン・パプリカ（栽培）[4歳児]

●ねらい
・ピーマンに関する絵本を読んで興味をもち，ピーマンの苗が実になるまでの生長を継続して観察します。また，ピーマンを育てたことで絵本の内容の理解も深まります。
・収穫間近の枝や葉っぱ，実の色や形の変化に気づき，そのことを絵の具で表現します。

●準備するもの
絵の具一式，カラーペン，色画用紙（みず色，8ツ切），ピーマンやパプリカの苗，絵本『グリーンマントのピーマンマン』（作：さくらともこ，絵：中村景児，岩崎書店）

●指導内容

① **絵本を読み，苗から育てたピーマンについて話し合う**
苗が伸び，花が咲き，実がふくらんでいく生長の様子について話し合います。

② **土の部分から枝の先，実までピーマンをよく見る**
「土の色」「枝の伸び方，分かれ方」「枝の色の変化」「葉っぱの形」「古い葉と新しい葉の色」「枝からのヘタの出方」「ヘタの色」など，細かく特徴をとらえて見ます。

③ **生長の順に色や形の特徴を確認しながら，ピーマンを描く**
　イ）土は，苗が元気に育った栄養となる土の色を混色して点描にします。
　ロ）枝は，伸び方や分かれ方，土に近い部分から実がなる部分までの色の変化などを確認し合いながら，生長に沿って土の部分から枝を描きます。
　ハ）葉っぱは，葉っぱの形や色を確認してから描きます。ペンで葉脈も描きます。
　ニ）実は，枝からヘタを描き，ヘタから実をぐるぐるとふくらませて描きます。

■ いも掘りのさつまいも [3～4歳児]

●ねらい
・いも掘りの実感を再現して絵で表現して楽しみます。
・さつまいもの皮の色は，乾いた状態と水で洗った状態では，色が違うことに気づき，絵の具の色を選びます。
・さつまいものでこぼこした質感を筆の点描で表現します。

●準備するもの
絵の具一式，色画用紙（うす茶，24cm×36cm），台紙用の色画用紙（こげ茶，8ツ切），さつまいも（できれば，ツルがついているもの）

●指導内容

① **いも掘りの様子を思い出し，さつまいもについて話し合う**
　イ）いも掘り遠足でさつまいもをどのように掘ったのか，掘ったいもの形や大きさ，ツルの

長さや葉っぱの形などについて話し合います。

ロ）掘ってきたツルがついているさつまいもを見せて，土やツルから栄養をもらって大きくなることを話します。

ハ）いもは，土から栄養をとる根が出ていて先がとがっているなど特徴や形をよく見ます。また，皮の色は，水にぬらすと土の中から掘り出したときの鮮やかな本来の色になることを話し，乾いた状態とぬらした状態を見せてちがいを比べます。

② さつまいもの重さやかたさを意識しながら描く

イ）水にぬらしたツルつきのいもを画用紙に置いて，実際に描く大きさを考えます。

ロ）配られた画用紙に指でツルからさつまいもの形をなぞってみます。

ハ）鮮やかな皮の色を絵の具で混色し，ツルの部分から描きます。

ニ）ツルから徐々に大きく生長したさつまいもをイメージして点描で2本描きます。

■ さつまいもの芽（水栽培）[4～5歳児]

●ねらい
・水栽培したさつまいもの生命力に感動し，芽や葉，根の出方をよく見て描きます。

●準備するもの
絵の具一式，クレヨン，色画用紙（しら茶，21cm×26cm），半分に切ったさつまいも型の色画用紙（さつまいもに近いむらさき系），のり

●指導内容

① 水栽培したさつまいもを育て，生長を観察する

イ）小さめのさつまいもを半分に切り，皿の水に浸して水栽培をして育てます。

ロ）根と茎が出て生長している様子をよく見ます。「根は細いひげがたくさん生えている」「さつまいものように茎もむらさき色」など気づいたことを話し合います。

ハ）茎がどのように伸びているか，実際に自分の手で伸び方を真似してみます。

② さつまいも型の色画用紙を貼り，根と芽，葉をクレヨンで描く

イ）さつまいも型の色画用紙をのりで貼りつけたら，クレヨンで，根を描きます。

ロ）芽が出たところに印をつけ，印から茎を描きます。

ハ）根を描いた部分に多めの水で溶いた絵の具の青または，水色で水を描きます。「さつまいもが元気に育つように」と思いを込めて描くように声をかけます。

③ 1週間ごとに，さつまいもの生長を再度，観察する

「根が細かく伸びている」「葉っぱの芽が伸び，むらさきの大きな本葉に生長する」「葉っぱの形はハート型に似ている」など気づいたことを話し合います。

④ 茎や葉っぱの色，形の変化を意識しながら絵の具で描く

茎や葉っぱの色を出し，クレヨンで描いた茎から今回伸びた部分を描いていきます。

植物の色や質感をとらえて描く 2

◀ 花壇のわたの花（栽培）［5歳児］

▲ プランターのミニケイトウ ［5歳児］

植物の色や質感をとらえて描く2

▼　**園庭の八重桜** ［5歳児］

31

植物の色や質感をとらえて描く2・解説

■ 花壇のわたの花（栽培）[5歳児]

●ねらい
・タネから花が咲くまで育て，継続して生長を観察します。
・自分たちで育てて美しく咲いた花を見て感動した気持ちを込めて描きます。

●準備するもの
絵の具一式，色画用紙（おうど色，39cm×22cm），わたの枝

●指導内容
① わたの花はどのように生長したのか話し合う
タネから花が咲くまで育ててきた経過を話し合います。また，つぼみからはじけて真っ白なわたが出てきた感動など，1人ひとりの感想も聞きます。

② わたの枝をよく見ながら，枝から順番にわたの花を描く
花のつき方を確認し，枝から描きます。わたの花は，ふんわりとした真っ白な色を表現できるように筆にふくむ水加減に気をつけて，「ふわふわ」とイメージしながら点描します。

●指導のポイント
・植物を育てる際は，できるだけタネからの継続観察を根気よく丁寧に行い，記録もつけておくとよいです。「記録する」ことで，見方が深まり，発見も多くなります。経験が共有できることで表現もふくらんできます。また，よく見ながら育てていくことで，形もとらえやすく，描きやすくなります。

■ プランターのミニケイトウ [4〜5歳児]

●ねらい
・色とりどりのきれいな色のミニケイトウの花をよく見て，特徴をとらえながら表現します。

●準備するもの
絵の具一式，画用紙（こげ茶，39cm×23cm），ミニケイトウ

●指導内容
① ミニケイトウに水やりをして育てながら，よく見る
花や葉っぱの色や形など，気づいたところを話し合います。

② 茎と花を描いてから葉っぱを描く
イ）絵の具の中にミニケイトウの花の色があるか探して，パレットに出します。
ロ）「茎は短い」など大きさや形を確認しながら，茎から描いていきます。

●指導のポイント
・描く際に観察する場合，花や葉っぱ，茎の色や形などの特徴をよく見る他に，「手のひらの大きさくらい」「上に向かってまっすぐ立っている」「1本1本違う色の花が咲く」など具体

的にわかりやすく，どんなところに感動し，きれいと感じたのか話し合います。

■ 園庭の八重桜 [5歳児]

●ねらい
・桜の花に種類があることを知り，遅咲きの八重桜の美しさを感じることができます。
・絵の具の重色，混色で対象に近い色づくりができます。

●準備するもの
絵の具一式，クレヨン，チョーク，画用紙（ラベンダー，35cm×20cm），歌「さくらのうた」（鈴木敏朗編著『子どもの歌曲集　おおきい木』ドレミ楽譜出版社），枝つきの八重桜

●指導内容
① 八重桜の花に興味をもち，親しむ
　イ）園庭や公園にある八重桜の花が咲く時期に，花を見上げたり，落ちている花を拾ったり，その花を水に浮かべ楽しんだり，ままごとをしたりして十分に触れます。
　ロ）桜の種類について実際に桜の木を見たり，図鑑を見ながら花の形や咲き方のちがい，それぞれの美しさについて話し合います。
　ハ）「さくらのうた」を歌い，その歌から感じたことを聞きます。また，歌詞に出てくる「さくら」を「八重桜」に替えて歌い，八重桜の興味を深めます。

② 枝を観察しながら絵の具で描く
　イ）色画用紙の上に，1人1本ずつ枝つきの花を置いて画面構成を考えます。
　ロ）桜が宙に浮いていたらどうか確認し，画面の端からチョークで枝の下描きをします。
　ハ）実際の枝の色や皮の模様を観察しながら描きます。こげ茶の絵の具で，枝がぐんぐんと伸びるイメージで点描し，乾いたらその上にはい色の絵の具で枝の皮の模様を点描します。

③ 葉っぱと花の形をクレヨンで描く
　イ）クレヨンで，葉っぱの葉脈を描き，それから形を描きます。
　ロ）花は，枝から伸びた軸の中心から咲くことを意識しながら，クレヨンで，何枚も重なる花びらを描きます。

④ 絵の具の混色で葉っぱと花の色をつくり，描く
　イ）葉っぱと花の色はそれぞれどのような色か話し合い，絵の具の混色で色をつくることを説明します。
　ロ）葉っぱは，黄色にきみどりを混ぜ，あおみどりを加えて色をつくり，描いていきます。
　ハ）花は，白に赤を混ぜて色づくりをして，描きます。

●指導のポイント
・絵の具の混色をする前に，明るい色に濃い（暗い）色を少しずつ混ぜて，色の混ぜる量を調節にしながらつくっていくことを子どもたちに説明し，確認しながら行います。

植物の色や質感 をとらえて描く 3

▲ **自分のひまわり（栽培）** ［5歳児］

植物の色や質感をとらえて描く3

▲ ガーベラとカスミ草 [4歳児]

▲ プランターの小菊 [5歳児]

35

植物の色や質感をとらえて描く3・解説

■ 自分のひまわり（栽培）[5歳児]

●ねらい
・1人ひとり自分のひまわりを育てていく中で，植物を大切にする気持ちを育みます。
・しっかりと見て，考えて表現できる力をつけます。

●準備するもの
絵の具一式，色鉛筆，クレヨン，色画用紙（銀ねずみ色，8ツ切を縦に2枚つなげる），葉っぱ用の色画用紙（銀ねずみ色，大：8ツ切1/2，中：8ツ切1/4，小：8ツ切1/8にカットしたもの各2枚），ハサミ，のり，ペットボトルのふた，綿棒，自分で育てたひまわり

●指導内容

① 自分でまいたひまわりを大切に育て，よく観察する
　イ）1人ひとりタネを土にまき，自分のひまわりのところに名札を立てて育てます。
　ロ）芽や葉っぱが出るたびに声をかけ合って観察をします。
　ハ）花が咲いたら背比べをしたりして，みんなで咲いた喜びを分かち合います。

② 色や形をとらえながら土，茎，花を描く
　イ）土…ひまわりの栄養となる土の色を調べて絵の具を出します。黒，茶，おうど色，黄，白の順番に点描をして重ねていきます。
　ロ）茎…土の中から伸びてきたしっかりとした茎をイメージして描きます。ふかみどりとおうど色を混色した絵の具でゆっくり太く，力強く描きます。
　ハ）花芯…大きさや色をよく見ながら，きみどりとおうど色で混色し，花芯のまるい部分を描きます。
　ニ）花びら…形や色について話し合ったり観察した後，色鉛筆（黄色）で花芯から上・下・横・横と順番に描き，その間も花びらを描いてうめていきます。色鉛筆で描いたら，花びらを絵の具（やまぶき）で，1枚1枚，丁寧に描きます。

③ 実物をよく見ながら，花芯と葉っぱを描く
　イ）花芯のタネ…たくさんあるタネの色を調べ，数個のペットボトルのふたにそれぞれ黒・茶・こげ茶・おうど色・黄・白など，濃い色から薄い色まで絵の具を出します。綿棒の点描で，花芯のまるの外側からだんだんと内側へ濃い色から薄い色へとタネを描きます。
　ロ）葉っぱ…6枚の葉っぱ用画用紙に，クレヨン（おうど色）で葉脈と葉っぱの形を描きます。葉脈は，葉っぱに栄養を運ぶなど葉脈の大切さも理解しながら描きます。葉っぱの色は，絵の具のふかみどりとおうど色を混色したものとあい色と黄色の混色をしたもので点描します。乾いたら，ハサミで切り取り，茎にのりで貼ります。葉っぱの数は，自分で育てたひまわりをもう1度見て，何枚あるかを数えて貼ります。足りない葉っぱは，描き加えるようにします。

■ ガーベラとカスミ草 [4歳児]

●ねらい
- ガーベラとカスミ草を見て,「きれい」「美しい」とみんなで感じます。
- 花の色や形をよく見て考えながら1つひとつ丁寧に表現します。

●準備するもの
絵の具一式,クレヨン,白画用紙(8ツ切),ガーベラ,カスミ草

●指導内容

① 「きれい」と感じる気持ちを大切にしながら見る

　イ)花瓶に活けてお部屋の目立つところに飾り,みんなで見て楽しみます。

　ロ)各机にガーベラを1本ずつ配り,よく見て,気づいたことを話し合います。

② 特徴をとらえながらクレヨンでガーベラの花芯と花びらの模様を描く

　イ)ガーベラの花びらや花芯の色,形などの特徴について再度,確認します。

　ロ)画用紙のどこに何本花を描くか自分で決めます。クレヨンで花芯のまるを描き,まるの中に花芯の色の絵の具で点描をします。

③ 絵の具でガーベラの花びらと茎を描く

　花芯から丁寧に花びらを描き,茎も描きます。クレヨンで花びらの模様も描きます。

④ カスミ草を描く

　カスミ草の枝や茎は3つに分かれていることなど,特徴をよく見ます。花束のように,ガーベラの間にカスミ草の茎をクレヨンで描き,自分が咲かせたい色を使い,花を点描します。

■ プランターの小菊 [5歳児]

●ねらい
- いっぱいに咲いた小菊の花に関心をもち,観察します。
- 子どもたちが大好きなピンクの小菊をやさしく表現することができます。

●準備するもの
絵の具一式,色画用紙(おうど色,35cm×20cm),小菊が咲いているプランター

●指導内容

① 花,葉っぱ,茎を順番にじっくり見る

　花の色,形,花びらの枚数などよく見て調べます。葉っぱ,茎も順番に色,形,質感などを見ていきます。部屋に戻ったら,それぞれ気づいたことを話し合います。

② お花から順番に絵の具で描く

　画用紙のどこに花を描くが決めます。中心となる花芯をやまぶき色でまるく描き,白と赤むらさきを混色した絵の具で,花びらを花芯から順番に1枚1枚描いていきます。乾いた花びらの上に短い白の部分も重ねて描きます。茎と葉っぱは,ふかみどりの絵の具で描きます。

自然の変化を点描で描く

▼ ハツカ大根のふた葉 [4歳児]

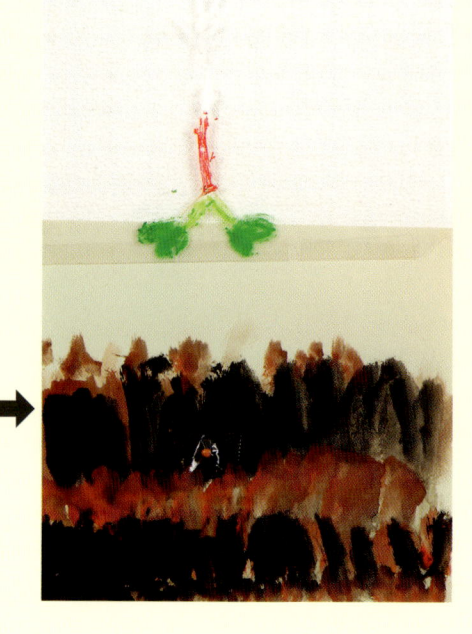

アリの巣 [5歳児] ▶

自然の変化を点描で描く

▼ **紅葉したおしゃれな木** [4歳児]

▲ **園庭のイチョウの木** [5歳児]（参考作品）

自然の変化を点描で描く・解説

■ ハツカ大根のふた葉 [4歳児]

●ねらい
・小さなタネをまき，発芽の様子に注目し，生きていることを実感します。
・タネから芽が出てふた葉になる様子を1人ひとり確認し，表現することができます。

●準備するもの
絵の具一式，クレヨン，色画用紙（うすきみどり，14cm×14cm），透明なプラスチックの板（14cm×16cm），セロハンテープ，ハツカ大根のタネ

●指導内容
① 小さなタネの形や感触などを感じて育てる
 イ）タネを1人ひとりに渡し，手のひらにのせて肌触りや大きさ，固さなどを調べます。さらによく見て色や形も見ます。タネを土にまき，水やりをして育てます。
 ロ）数日後，芽が出てきたら声をかけ合い，みんなで見て喜びます。
 ハ）全体に芽が出たら，間引きをします。元気に生長するための土の栄養が十分にもらえるように，芽と芽の間が一定の間隔になるように周りの芽をぬいていくことを説明します。
 ニ）小さなタネから根と芽が出ているところをよく見ます。

② タネから芽が出た体験を思い出しながら土を描く
 イ）タネが元気に育つ栄養のある土をイメージして，茶色，次に黒で点描します。
 ロ）本物のタネを1粒渡し，描いた土の上にタネをのせて，セロハンテープで貼ります。

③ プラスチックの板にクレヨンで描く
 イ）間引きした芽の形や色をよく見ます。
 ロ）タネを貼った作品の上にプラスチックの板を合わせ，タネから生えている根を白のクレヨンで描きます。芽は，形や色の変化を意識してタネから生えているように描きます。

④ プラスチックの板を保育者が画用紙に貼りつける
芽と根を描いたプラスチックの板を画用紙のタネの位置に合わせ，上の部分をセロハンテープで貼ります。

●指導のポイント
・色画用紙より2～3cm長めのプラスチックの板にすると，上の部分を折り返すことができ，折り返したところにセロハンテープが貼れます。

■ アリの巣 [5歳児]

●ねらい
・身近にいる虫で親しみのあるアリの巣穴の中を想像しながら楽しみます。
・つかまえたアリを飼育箱に入れて，様子をよく観察して描きます。

●準備するもの

　絵の具一式，色鉛筆，サインペン，画用紙（14cm×14cm），紙芝居『ありのえんそく』（脚本：椎名二美枝，画：西村繁男，童心社），いきものの図鑑，ルーペ，飼育箱のアリ

●指導内容

① ルーペでアリを探したりしてよく観察する

　イ）紙芝居を読み，アリの巣の中は，どのようになっているか話し合います。

　ロ）自分でアリを捕まえて，手のひらにのせて見たり，土を入れた飼育箱にも入れて，足の数やアリの特徴をよく観察して，気づいたことを話し合います。

② アリの巣と土を描く

　イ）色鉛筆で，自分の好きなところに，アリが中に入れるようなアリの部屋をまるで描きます。アリが通れるように，地上と部屋をつなぐ道も描きます。

　ロ）土は細かい粒をイメージし，絵の具（巣穴：おうど色と茶色の混色，道：茶色とこげ茶，周りの土：こげ茶，黒，茶色の混色）の点描で表現します。

③ アリをサインペンで描く

　イ）別の画用紙に，アリの特徴を再度確認しながら，胴体，頭，触覚，足を描きます。

　ロ）土が乾いたら，描いた巣に入れるくらいのアリ10匹程度を描きます。

●指導のポイント

・それぞれ作品の巣穴の道をつなげて並べます。1枚の作品とはちがう世界が広がります。みんなで見ることで友だちの作品にも目が向けられ，自然に感想を話し合ったりします。

■ 紅葉したおしゃれな木 [4〜5歳児]

●ねらい

・桜の花が咲いたときから観察して親しんだ桜の木の紅葉の葉の色について調べ，絵の具の中から探すことができます。

・土，木，葉っぱを点描で丁寧に表現します。

●準備するもの

　絵の具一式，色画用紙（水色，33cm×27cm），自分で集めた落ち葉

●指導内容

① 紅葉した桜の木をよく見る

　春，夏の桜の木の変化について話し合い，紅葉しはじめた桜の木も継続して観察します。全体的に葉っぱが色づいてきたら，落ち葉を拾います。それぞれの葉っぱの色を見比べて，何色の色がついているか話し合い，発表してもらいます。

② 土を点描し，木と葉っぱも色や特徴をとらえて点描する

　木は，下から生長していくイメージで点描します。葉っぱもそれぞれの色で点描します。

形と特徴をとらえて描く1

▲ どうぶつ（ぬいぐるみ）のともだち ［4歳児］

▲ ぬいぐるみのゴリラ ［5歳児］

形と特徴をとらえて描く1

◀ **みんなで飼っている大好きなうさぎ**

［5歳児］

子うさぎ ［4歳児］（参考作品） ▶

43

形と特徴をとらえて描く１・解説

■ どうぶつ（ぬいぐるみ）のともだち ［3～4歳児］

●ねらい
・普段からあそんでいる大好きなぬいぐるみをもう一度見直し，気持ちを込めて描きます。
・ぬいぐるみがもつ質感を表現することができます。

●準備するもの
絵の具一式，チョーク，色画用紙（緑，8ツ切），動物のぬいぐるみ

●指導内容
① ぬいぐるみを抱いて重さや感触を感じる
　普段から人形あそびやままごとであそんでいるぬいぐるみを見せます。1人ひとりぬいぐるみをやさしく抱いて，重さや感触を確かめ，気づいたことを話し合います。

② 感触をイメージしながら描く
　イ）「おともだち（ぬいぐるみ）を描きましょう」と言い，3つのぬいぐるみを座っている姿勢で並べます。ぬいぐるみが座ると足の形はどのように見えるか話し（「足が短い」「足の裏が見える」），チョークでそれぞれの大まかな形を描きます。
　ロ）「やわらい」「軽い」など再度確認して，質感を意識しながら，ぬいぐるみをそれぞれ絵の具で描きます。輪かくをまるで描き，乾いたら，目や鼻，飾り，洋服を描きます。

●指導のポイント
・ぬいぐるみの耳や手，足をかくして後ろを見せると，頭と胴体はまると長まるの組み合わせであることがわかり，おおまかな形がとりやすいです。

■ ぬいぐるみのゴリラ ［5歳児］

●ねらい
・動物に興味をもち，保育室のぬいぐるみのゴリラにも目を向けてかわいがります。
・形（かたまり）をとらえて大きく描くことができます。

●準備するもの
絵の具一式，チョーク，画用紙（うすはい色，8ツ切），ゴリラのぬいぐるみ

●指導内容
① 保育室のぬいぐるみのゴリラに興味をもってもらう
　イ）遠足で動物園に行った後，特に子どもたちの中で印象的だったゴリラの動きや特徴について話し合います。
　ロ）ぬいぐるみのゴリラを保育室の目につくところに置きます。「遠足のときのゴリラが小さなぬいぐるみに変身してあそびに来ました」と，そのぬいぐるみを見せ，順番に抱っこしてもらい，後ろ姿，次に横，前から見て，形など気がついたことを話し合います。

ハ）みんなが気づいた特徴や形について話し合い，ぬいぐるみを見ながら確認します。
　ニ）人間とゴリラの似ているところや違うところも話し合います。

②　形をとらえてぬいぐるみを描く
　イ）画用紙にどのくらいの大きさに描くか手のひらを置き，また，指でなぞります。
　ロ）茶色の絵の具を多めの水で溶き，薄い色で全体の形を描きます。
　ハ）ふわふわ感をイメージして絵の具（茶色とこげ茶の混色）で点描します。また，はい色の絵の具で顔，耳，手，足を描き，目や鼻，口もぬいぐるみをよく見て描きます。

■ みんなで飼っている大好きなうさぎ [5歳児]

●ねらい
・大切に飼育しているうさぎたちの一番気持ちよさそうな姿をよく観察して描きます。

●準備するもの
　絵の具一式，チョーク，画用紙（8ツ切），台紙用色画用紙（緑系，4ツ切）

●指導内容
①　うさぎの生活を観察する
　イ）ケージに入れ，子どもたちがいつでも上からのぞいて見られるようにします。ケージの掃除，エサや水をあげるなどの世話や，触ったり抱っこをしたりして，かわいがります。
　ロ）食べたり飲んだりするとき以外は，寝て伸びている姿でいることに気づきます。
　ハ）うさぎと同じ姿を子どもたちもします。どのような気持ちか聞き，どのようなときにするかうさぎの気持ちになってみたり，うさぎと自分はどこがちがうか話し合います。

②　ケージの上から見たうさぎの特徴をよくとらえて描く
　イ）もう1度，うさぎを抱いて，からだの大きさやふわふわ感，あたたかさを感じます。
　ロ）ケージの上から，寝ているときのうさぎの頭，耳，鼻，口の位置，手や足がどうなっているかなど特徴をよく見て確認します。
　ハ）画用紙に大きさを指でなぞり，チョークで上から見たからだと頭の形を描きます。
　ニ）うさぎの毛のふわふわ感をイメージして点描します。からだ，顔，耳，手，足，目，鼻，口，ひげの順に描きます。うさぎの大好きなエサも描きます。
　ホ）作品ができたら，台紙（4ツ切）に貼り，「うさぎが逃げ出さないように」と伝え，台紙にケージの柵の線を絵の具で描きます。

●指導のポイント
・上から見るうさぎは，横よりも形がとらえやすく描きやすいです。1つの方向だけを見て描くのではなく，どの角度が描きやすいか，いろいろな方向から見てみましょう。
・よく観察して形をとらえたり，色や質感などを知ることで，飼っている動物などに一層愛情がわき，生きていることのすばらしさを感じ，描けるでしょう。

形と特徴をとらえて描く2

▲ ハロウィンのかぼちゃとキャンディ［4歳児］

▲ 紙ふうせん［4歳児］

形と特徴をとらえて描く2

▲ **クリスマスの夜** [5歳児]

形と特徴をとらえて描く2・解説

■ ハロウィンのかぼちゃとキャンディ ［3〜4歳児］

●ねらい
・ハロウィンのことについて知り，かぼちゃおばけに対するワクワク・ドキドキした気持ちを表現します。
・かぼちゃの形をとらえ，立体的に線描と点描でかたまりを表現します。

●準備するもの
絵の具一式，綿棒，ペットボトルのふた，クレヨン，色鉛筆，色画用紙（むらさき，ぐんじょう，あい色，13.5cm×16cm，各2枚），色画用紙（灰色，8ツ切），かぼちゃ，ピーマン，ハロウィンに関する絵本

●指導内容

① **絵本を読んだり，ハロウィンについて話し，かぼちゃをよく見る**

かぼちゃを見てから，ピーマンも見せて，かぼちゃとのちがい（色，形など）や似ているところ（「タネが入っている」「ヘタからふくらみ実になる」など）を話し合います。

② **かぼちゃの形をとらえる**

画用紙におうど色のクレヨンで，最初にヘタとおしりの位置を決めて印を描きます。ヘタから栄養をもらって実が大きくなっていくことを話し，栄養の入ってくるところをイメージしてヘタを描きます。だんだんと横に太って実ができることを想像しながらかぼちゃの形をふくらませるように線を描いていきます。

③ **かぼちゃとキャンディを描く**

イ）綿棒を使い，おうど色の絵の具でかぼちゃの形を描きます。
ロ）かぼちゃの色の絵の具（だいだい色＋おうど色＋白）を筆につけて点描します。
ハ）綿棒でかぼちゃの顔を描きます。
ニ）色鉛筆でキャンディのまるを下描きします。棒を描き，好きな味の色の絵の具でキャンディを描きます。

■ 紙ふうせん ［4〜5歳児］

●ねらい
・紙ふうせんで楽しくあそびます。
・紙ふうせんの形をとらえることで球体を理解し，それを表現します。

●準備するもの
絵の具一式，チョーク，色画用紙（おうど色，8ツ切1/2），紙ふうせん

●指導内容

① **紙ふうせんの形に興味をもち，あそぶ**

イ）折りたたんである状態の紙ふうせんを見せます。三日月形の状態，おわん型の状態と，それぞれ何に見えるか話し合います。

ロ）子どもたちにも1個ずつ配り，自分でふくらませてあそびます。

② **紙ふうせんの形をとらえ，立体的に描く**

イ）紙ふうせんには，何色の色があるかみんなで確かめます。

ロ）それぞれの色と形は，空気を入れる口（中心）の部分から曲線でできていることを実際に見ながら確認します。口のところを上から見て，上，下，横，横，斜の，8枚の色の紙でできていることを知り，ホワイトボード（黒板）や大きな紙（模造紙）に描いてみます。

ハ）空気がぱんぱんに入っているふうせんをよく見てまるい形をチョークで描きます。見る角度により，8枚の色の紙の大きさがそれぞれちがって見えることを知り，口の部分とおしりの位置も決めて，色の紙の境目の曲線を，口の部分からおしりの方向へ意識して描きます。

ニ）口の部分を絵の具で描き，紙ふうせんの色を順番に描きます。

■ クリスマスの夜 [5歳児]

● **ねらい**

・クリスマスの意味について考え，クリスマスのイメージをふくらませて表現します。

● **準備するもの**

絵の具一式，ポスターカラーの絵の具（白），色鉛筆，サインペン，綿棒，色画用紙（白，18cm×18cm），障子紙，不織布，クリスマスに関する絵本

● **指導内容**

① **クリスマスツリーを飾ったり，絵本を読み，クリスマスへの興味を深める**

クリスマスについて話し合い，クリスマスの夜の世界も想像し，「サンタクロースがプレゼントを届けてくれる」などイメージをふくらませます。

② **夜の空を描く**

イ）夜の空の色について話し合います。月，星のあかりや雪あかりの話などをして，空は真っ黒ではなく，青の暗い色ということを知ります。

ロ）青の暗い色をイメージし，あい色，ぐんじょう色，むらさきなどを自分で選び，混色や重色で，画用紙全体を空にします。筆にふくむ水の量を加減し空の表現をします。

ハ）乾いたら，雪が積もっている様子を白のポスターカラーの絵の具で点描します。

③ **クリスマスの夜の世界を描く**

話し合いで出てきたクリスマスの夜のイメージの「サンタクロース」「トナカイ」「ツリー」「家」「雪」などを様々な紙（障子紙，不織布，画用紙）に描き，切り抜いて貼り，立体的にします。絵の具やサインペンで細かい部分を描きこんで，色づけして仕上げます。また，絵の具をつけた綿棒で降っている雪を表現し，雪の結晶や星なども描きます。

動きのある人物を描く１

▼ 自分のポーズが描けるよーほねほねマンー [5歳児]

50

動きのある人物を描く1

▼ **劇あそび『しんせつなともだち』** [4歳児]

動きのある人物を描く1・解説

■ 自分のポーズが描けるよ－ほねほねマン－ [5歳児]

●ねらい
・「ほねほねマン（モール人形）」を通して，からだの中心の骨を意識して人物を描くことができるようにします。

●準備するもの
絵の具一式，色画用紙（はい色，8ツ切），チョーク，モール2本，はさみ，からだの構造について書かれている絵本や図鑑

●指導内容

① 身体の動きや構造について興味をもつ

自分の顔，手，足のそれぞれの部位を確認し，実際に動かし，どの部位がどのように動くか確認します。からだに関する絵本や図鑑を見て，からだの中や骨についても知ります。

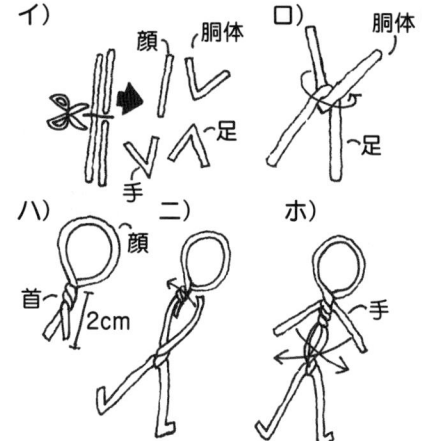

② モール人形の「ほねほねマン」をつくる

イ）モールを2本渡し，それぞれ半分に切ります（計4本－顔，手，足，胴体）。手，足，胴体のモールは，半分に折ります。

ロ）足のモールの折り目部分を，胴体の折り目にひっかけます。ひっかけた胴体部分を1～2回しっかりとねじります。

ハ）顔は，モールの両端を交差させて輪っかをつくり，交差した両端（約2cm）をねじります。ねじった部分を首に見立てます。

ニ）顔の首に，胴体のモールを1本ずつからめてねじります。

ホ）手は，半分に折った部分を首部分に合わせて1回巻き，ぬけないようにします。

ヘ）できあがったモール人形の「ほねほねマン」を動かしてたくさんあそびます。

③ からだの部位（手，足など）を動かして骨の部分を確認する

体の中心に骨があることを話し，保育者が1人ひとりの背骨を触り，そのときに背骨を動かして背骨があることを意識します。

④ 自分で好きなポーズをしてみる

イ）自分で様々なポーズをして，ポーズごとに「ほねほねマン」も同じ動きをさせます。

ロ）一番好きなポーズを決め，手や足の動き（「ひじが曲がっている」「腕は上がっている」など）を1つひとつ確認します。「ほねほねマン」も同じポーズをさせます。

⑤ 「ほねほねマン」の自分を描く

イ）画用紙を配り，顔，胴体，足，手の位置やバランスを確認するため，人指し指でどの

位置に描くか，なぞって確認します。

ロ）チョークで背骨，首，顔，足（もも，ひざ，ひざ下），肩，手（うで，ひじから手首）の順に，骨に見立てた「線」を描きます。ひざとひじは実際に触って，まるいことを確認して，関節をぐるぐるのまるで表現します。

⑥ からだの中心（骨の部分）を意識しながら絵の具で描く

イ）絵の具で，骨のまわりに肉をつけ，洋服を着た大きさの幅を線で描きます。顔，首，洋服（胴体，手），ズボンまたは，スカート（足）の順番で描きます。

ロ）乾いたら，髪の毛，目や口，洋服のもようなど細かい部分を描きます。

● 指導のポイント

・からだの形をとらえる「はだかんぼう人間」の描き方の次の発展として，人物の動きがわかる「ほねほねマン」があります。「はだかんぼう人間」は，クレヨン，絵の具の綿棒や筆で，おへその中心から胴体をぐるぐると描き，首，顔，足，手を順番に描きます。はだかんぼうで人物を描いてから髪の毛，目，口，洋服などを描きます（『クレヨンからはじめる幼児の絵画指導』P.56参照）。

・人物の動きが描けるようになると，自分や友だち，家族，物語の登場人物なども描けるようになり，絵の世界が広がります。

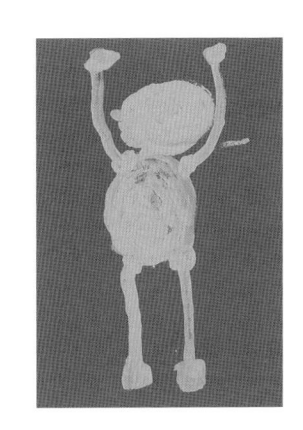

■ 劇あそび『しんせつなともだち』［4歳児］

● ねらい

・友だちを大切にする物語の内容を大切にしながら一番気に入った場面を表現します。

● 準備するもの

絵の具一式，綿棒，カラーペン，クレヨン，色画用紙（うすはい色，8ツ切1／2），劇の道具用の画用紙（白，茶など），はさみ，のり，絵本『しんせつなともだち』（作：方軼羣，訳：君島久子，絵：村山知義，福音館書店）

● 指導内容

① 絵本を読み，発表会の劇のことも思い出しながら話し合う

劇で実際に演じてみてどのような気持ちだったか，どの場面が一番好きだったか話し合います。一番好きな場面を思い出しながら，自分の動きや立ち位置をもう一度再現してみます。

② 劇の場面を描く

イ）舞台の台の色を確認し，茶色の絵の具で描きます。

ロ）自分や友だちを，絵の具を綿棒につけて「はだかんぼう人間」の自分を描きます。洋服と髪の毛を描き，細かい目や鼻，口，小物類は，カラーペンで描きます。

ニ）画用紙に劇の大道具や小道具の形を描いて切り，絵の具で色づけして，貼ります。

動きのある人物を描く２

▼ シャボン玉を吹いている自分Ⅰ ［5歳児］

▲ シャボン玉を吹いている自分Ⅱ ［5歳児］（参考作品）

動きのある人物を描く2

▼ **たいせつな家族** [5歳児]

ドッヂボール [5歳児] ▶

55

動きのある人物を描く2・解説

■ シャボン玉を吹いている自分Ⅰ ［3〜5歳児］

●ねらい
・夢中になってあそぶ中で，色，形，動きをよく見て理解します。
・自分が主人公になれる楽しい題材で，思いのままに表現することができます。

●準備するもの
絵の具一式，サインペン，スタンプ台（各机に1個），綿棒，まるい形のふた（大・中・小，＊食品や化粧品などのビンやスプレーなどのふた），色画用紙（薄クリーム，8ツ切），シャボン玉セット（シャボン玉の液，ストロー）

●指導内容

① 外（園庭）に出て，シャボン玉であそぶ

シャボン玉を吹いたり，追いかけたりしてあそびます。自分や友だちが吹いたシャボン玉をよく見ます。

② 人物の大きさや位置を考えて描く

イ）画用紙を庭に見立てて，自分は庭の中のどこでシャボン玉をしていたか考えます。

ロ）画用紙の中にどのくらいの大きさで自分（人物）を描くか，みんなで話し合います。

ハ）人物の大きさや位置が決まったら，綿棒に絵の具をつけ，おへその中心からぐるぐるとふくらませながら胴体を描き，首，顔，足，手を順番に描き，はだかんぼうの自分を描きます。

ニ）シャボン玉は，自分が吹いたシャボン玉がどこに飛んでいったか思い出し，ふわふわと宙に浮いているのをイメージしながら，まるい形のふたでスタンプをします。

ホ）グループごとにシャボン玉の色を決め，1人2色ずつ出します。水の量を多めにして絵の具を溶き，色を交換しながら色をつけます。シャボン玉は，白やいろいろな色に光っていることに気づかせ，絵の具で光っている部分を細く線を描き，表現します。

ヘ）はだかんぼうの自分に髪の毛や洋服，目，口などを描き，ストローを手に持たせるように描きます。

ト）サインペンで目や鼻，口を描きます。

●指導ポイント

・シャボン玉あそびを楽しみ，その「楽しみ」を絵に表現することで，子どもたちは喜び，集中して描くことができます。

・何回もあそんだシャボン玉の形をスタンプで表現したことで，大小様々な大きさのまるをシャボン玉のように次から次へと表現でき，安心して取り組めます。シャボン玉の形は，スタンプで経験しておくと，直接描くこともできます（「シャボン玉を吹いている自分Ⅱ」参照）。

■ たいせつな家族 [5歳児]

●ねらい
・子どもたちの大好きな"家族"を題材にして，やさしい気持ちでのびのびと表現します。

●準備するもの
絵の具一式，チョーク，クレヨン，画用紙（8ツ切），屋根用画用紙（8ツ切横長1/2），はさみ，のり

●指導内容

① **家族について発表し合う**

お父さん，お母さん，兄弟など，どのような性格，何が好きなど1人ずつ発表します。

② **家族を描く**

大人と子どもの背の高さ，からだの大きさを考えながらチョークで下書きをして，家族を描きます。

③ **屋根を描き，貼る**

イ）家族が集まる家の屋根をつくろうと話し，どのような模様の屋根にするか考えます。

ロ）決まったら，作品の画用紙に合わせて屋根の形を切り，クレヨンで模様を描きます。

ハ）絵の具で，屋根全体をぬり，乾いたら貼りつけます。

■ ドッヂボール [5歳児]

●ねらい
・夢中になってあそんだドッヂボールでの動きをとらえて描きます。

●準備するもの
絵の具一式，色画用紙（みず色，20cm×20cm）

●指導内容

① **ドッヂボールを行った感想を話し合う**

ドッヂボールのゲームでは，実際にどのような動きをしたか1人ひとり，ポーズをしてみたり，どのような気持ちで投げているかなど話し合います。

② **ボールを投げる自分を「ほねほねマン」で描く**

イ）ボールを投げている自分を描こうと話し，もう一度，どのように投げているかポーズをしたり，友だちのポーズをじっくり見ます。

ロ）モール人形「ほねほねマン」（つくり方P.52参照）でも，ポーズをつくってみます。

ハ）胴体，顔，足，手の向きを確認しながら，画用紙にチョークで「ほねほねマン」を線で描き，絵の具で顔，首，洋服（胴体），手，ズボン，足を順番に描いていきます。乾いたら，洋服の模様など細かい部分を描き，髪の毛，目，口を描きます。

想像や物語の世界を描く

▲ 友だちと行ってみたいところ ［5歳児］

▲ こんな乗り物があったらいいなぁ ［5歳児］

想像や物語の世界を描く

▼ お話の絵『あかずきん』[4歳児]

想像や物語の世界を描く・解説

■ 友だちと行ってみたいところ ［5歳児］

●ねらい
・共同作品として，一緒にあそびたいことをなかよしの友だちと2人で話し合い，想像の世界を広げて絵で表現し，楽しみます。

●準備するもの
絵の具一式，色画用紙（好きな色，34cm×24cm）※1人1枚描きます。

●指導内容
① **友だちと一緒にあそびたいことや行ってみたいところを話し合う**
　2人1組になり，一緒にあそびたいことや行きたい場所について話し合います。

② **話し合った世界をそれぞれ画用紙に描く**
　イ）自分で選んだ色画用紙で，話し合った世界をどのように描くか話し合い決めます。
　ロ）あそんでいる自分をそれぞれの画用紙に絵の具で描いていきます。人物は，はだかんぼうの自分（おへそから胴体，首，顔，足，手）を描き，髪の毛や洋服，目，口などを描きます。
　ハ）完成したら2枚の絵をつなげ，1組ずつ発表し合います。

●指導ポイント
・絵の具にも慣れ，様々な動きの人物を描けるようになったら，自分が思い描く「想像画」も自由に描くことができるでしょう。
・5歳児クラスの後半は，子ども同士で話し合って物事を決めていく活動も大切にしていきましょう。

■ こんな乗り物があったらいいなぁ ［5歳児］

●ねらい
・車に興味をもち，自分が考えた想像上の乗り物を描いて楽しく表現します。

●準備するもの
絵の具一式，サインペン，色画用紙（8ツ切），車に関する図鑑または絵本

●指導内容
① **車に興味をもち，話し合う**
　イ）家の車や見たことがある車について，色や形，種類など話し合います。
　ロ）図鑑や絵本を見て，いろいろな種類や仕事をするための車があることを知ります。
　ハ）どのような車があったら，楽しいか，助かるかなど話し合います。

② **自分が乗ってみたい車が決まったらを描く**
　車の形や細かい部分は，サインペンで描きます。背景の空，海などを絵の具で描き，実際に

自分が車に乗っているイメージで，描きながら物語をふくらませていきます。
● **指導ポイント**
・描いているときの子どもたちの話（物語）を丁寧に聞きながら，そのイメージが描けるように声をかけてください。

■ お話の絵『あかずきん』[4歳児]

● **ねらい**
・物語の世界を広げ，自分たちが演じた気持ちを込めながら楽しく表現します。
● **準備するもの**
　絵の具一式，クレヨン，画用紙（8ツ切），ドア用の色画用紙，布きれ，はさみ，ボンド，絵本『あかずきん』
● **指導内容**
① **物語について話し合う**
　　イ）『あかずきん』の絵本を読み，どのような物語だったか話し合います。
　　ロ）発表会で演じた「あかずきん」の感想を発表し合います。どの場面が好きだったか話し合い，それぞれが一番好きだった場面をもう一度演じて，描きたい気持ちを高めていきます。
② **物語の世界を想像しながら描く**
　　イ）好きだった場面のあかずきんやおばあさんは何をしていたか，オオカミはどのような表情だったかなど登場人物の動きを1つひとつ話し合い確認します。また，家の中にどのようなものが置いてあるかなども話し合います。
　　ロ）1人ひとりどのような場面を描くか決めます。
　　ハ）画用紙のどこに自分や登場人物がいるか配置などを一応決め，指で描いて確認します。
　　ニ）家の中の家具やカーテンなどの形を布きれ，画用紙で切り取り，ボンドで画用紙に貼ります。クレヨンで家具や置物の細かい部分を描きます。
　　ホ）あかずきんやおばあさんとオオカミを，はだかんぼうの人間（動物）で描き，乾いたら，布で洋服やずきん，ベッドの布団などを切り，絵に貼ります。
● **指導ポイント**
・紙以外にも布など他の素材を取り入れることで，表現の幅も広がっていきます。
・子どもたちは，楽しんで取り組んだ活動は，絵の中にもしっかりと表現することができます。子どもたちの気持ちの高まりを大切にして，どのように表現していくか，随時話し合いながら，活動を進めていきましょう。
・描く中でどんどんとイメージがふくらみ，「あれも」「これも」と描きたくなることもあります。子どもの気持ちを受け止めながら，描く方向性が明確になるように話し合います。

参考作品紹介

▲ 七夕かざり [4歳児]

▲ マリーゴールド [5歳児]

▲ パンジー [4歳児]

▲ シロツメクサとアカツメクサ [4歳児]

▲ 紅葉の木 [5歳児]

◀ どくだみの花 [5歳児]

参考作品紹介

▲ 雪あそび ［4歳児］

▲ 想像画「夜，幼稚園に来てみたら…」［5歳児］

▲ ザリガニ ［5歳児］

◀ ぬいぐるみのうさぎ ［4歳児］

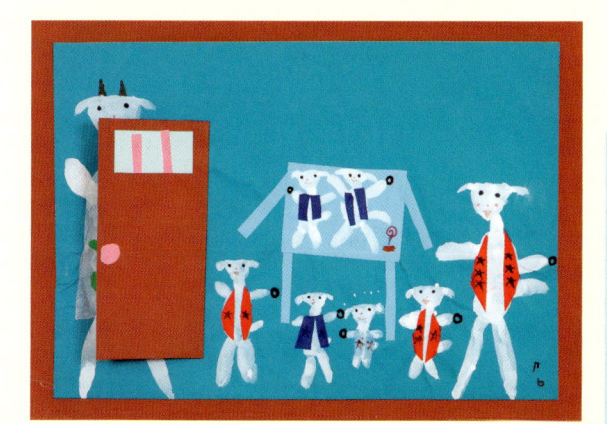

◀ お話の絵『七匹のこやぎ』［4歳児］

お話の絵『ながいながいペンギンの話』［5歳児］ ▶

63

監　修	芸術教育研究所

　　　芸術教育を通して子どもたちの全面発達を育むための研究機関として，1953年に設立。美術，音楽，演劇，文学，工芸などさまざまな芸術教育の研究及び実践を進めている。1975年に教師や保育者等とともに芸術活動の研究・実践をサポートする組織「芸術教育の会」を発足。また，1984年より，おもちゃ美術館を開館し，世界のおもちゃの展示及び手づくりおもちゃ，おもちゃライブラリーなどの活動も展開。

　　　定期的に芸術教育，幼児教育，おもちゃ関連の講座，セミナーも開催しており，受講生は3万人を超える。2006年より，豊かな表現活動を育む絵画指導者を育成する「保育 絵画指導スペシャリスト」養成講座を開講。

著　者	松浦龍子

　　　熊本県水俣市出身。1957年，川村短期大学保育科卒。以来，幼稚園に勤務し，乳幼児の美術教育について，現場での実践と研究を継続。現在，やなせ幼稚園（神奈川県）副園長。同園で在園児，卒園児に向けた絵画教室を開き，絵画指導を行う。また，芸術教育の会副会長であり，会の発足当初からかかわり，絵画指導の実践と共に指導者の育成にも力を注ぐ。主な著書に『3・4・5歳児の描画指導12カ月』『テーマ別　楽しい幼児の絵の指導』『技法別　0・1・2歳児の楽しい描画表現活動』『クレヨンからはじめる幼児の絵画指導』（以上，黎明書房）がある。

企　画	多田千尋（芸術教育研究所所長）
編　集	山田恭代（芸術教育研究所所員）

この本の実践協力者（芸術教育の会会員）

やなせ幼稚園（神奈川県）：濱島靜枝，河合陽子，石川美香，鈴木弥生，中野真生，小田愛子，島田八重子

やなせ幼稚園絵画教室（神奈川県）：葉若幸子，山田恭代

やなせ第二幼稚園（神奈川県）：柳瀬暁美，鈴木慶子，古崎悦子，小川香織，稲吉理恵，小菅美夏

やなせ保育園（神奈川県）：石塚康子，相馬美穂，職員一同

座間保育園（神奈川県）：渡邉廸子，本橋香織，職員一同

イラスト	わたいしおり

お問合せ先は…

芸術教育研究所　〒165-0026　東京都中野区新井2-12-10
☎ 03(3387)5461　FAX 03(3228)0699
URL http://www.toy-art.co.jp

幼児の絵画指導　"絵の具"はじめの一歩

2009年7月25日　初版発行

監修	芸術教育研究所
著者	松浦龍子
発行者	武馬久仁裕
印刷	株式会社　太洋社
製本	株式会社　太洋社

発行所　　株式会社　黎明書房

〒460-0002　名古屋市中区丸の内3-6-27 EBSビル ☎ 052-962-3045
FAX 052-951-9065　振替・00880-1-59001
〒101-0051　東京連絡所・千代田区神田神保町1-32-2 南部ビル302号
☎ 03-3268-3470

落丁本・乱丁本はお取替します　　　ISBN978-4-654-00234-4
Ⓒ ART EDUCATION INSTITUTE 2009, Printed in Japan